Ulrich Skambraks

VORSICHT

GEISTHEILUNG!

Was die
Wunderheiler
verschweigen

Verlag Schulte + Gerth Asslar

© 1987 Verlag Schulte + Gerth Asslar
Best.-Nr. 15 396
ISBN 3-87739-396-9
1. Auflage Juni 1987
2. Auflage Oktober 1987
Umschlaggestaltung: Herybert Kassühlke
Satz: Typostudio Rücker & Schmidt
Druck und Verarbeitung: Ebner Ulm
Printed in Germany

Inhalt

Meinen Eltern und Schwiegereltern,
ganz besonders meiner lieben Frau Ido,
danke ich für alle treue Fürsorge,
ohne die dieses Buch nicht entstanden wäre.

Vorwort

An der Einfahrt des Hafens von New York, auf der Liberty-Insel, erhebt sich die 46 Meter hohe Freiheitsstatue mit einer brennenden Fackel in der Hand. Was den Seefahrern als wegweisendes Leuchtfeuer dient, erweist sich vielen Vögeln als Todesfalle. Angezogen von dem hellen Licht, fliegen sie darauf zu, bis sie schließlich geblendet und versengt tot zur Erde fallen. So häufen sich am Fuße des Sinnbildes der Freiheit die Vogelleichen, und immer neue kommen hinzu, die das gleiche Schicksal ereilt. Die brennende Fackel ist für die Vögel ein Irrlicht.

Dieses Buch wird von einem hellen Licht berichten, auf das zur Zeit sehr viele Menschen zustreben. Es ist ein Irrlicht, das direkt vor einer Todesfalle steht.

Ulrich Skambraks

1

Die Heilerstars

Donnerstag, 14. November 1985, 22.05 Uhr. Knapp zwei Stunden vor Mitternacht Geisterstunde in Millionen von Wohnzimmern – per Television. Das Zweite Deutsche Fernsehen (ZDF) strahlt den Beitrag „Ärzte aus dem Jenseits" aus:

„Grelles Scheinwerferlicht, die TV-Kameras surren. Der brasilianische Arzt Dr. Edson Queiroz schneidet mit einer kleinen Schere die rechte Brust einer Patientin auf, die ohne Betäubung auf einer Liege ruht. Der Doktor pult nach einigem Hin und Her eine kleine Geschwulst aus der Wunde heraus. Schließlich tapst er etwas unsicher zum nächsten Kranken, bei dem er eine Bindehautwucherung am linke Auge entfernen will. Der brasilianische Arzt ist in einem Trancezustand. Nicht er hat die Wucherungen in der Brust entfernt, sondern angeblich der verstorbene deutsche Arzt Dr. Adolf Fritz. Queiroz ist sein Medium. Der 34jährige Mediziner stellt sich als lebendiges Werkzeug zur Verfügung – für einen Totengeist aus dem Jenseits. Daß so ein Totengeist auch reden kann, davon konnten sich Millionen von Zuschauern überzeugen. Der ZDF-Reporter Klaus Eckstein stellte Dr. Fritz, der im ersten Weltkrieg von einer Granate zerrissen wurde, einige Fragen über die Hintergründe der Geistermedizin. Der Arzt aus dem Jenseits antwortet bereitwillig in schwerem Portugiesisch mit deutlichem deutschen Akzent.

Bei der Behandlung der Patienten gehe es eigentlich darum, auf das Innerste des Menschen einzuwirken, um dort eine moralische Veränderung zu erzielen. Man brauche nicht an den Heilerfolg zu glauben, er geschehe unabhängig davon."[1]

Ein Wunderchirurg auf den Philippinen

Nicht nur in Südamerika wird ohne Narkose und Skalpell operiert. Auch auf der anderen Seite der Erdkugel werden mit bloßen Fingern chirurgische Eingriffe vorgenommen. Von dort kamen Ende der sechziger Jahre erste Geistheilungsberichte, die in der westlichen Welt schon bald auf ein sensationelles Interesse stießen. Ganze Expeditionen von Medizinern, Heilpraktikern, Wissenschaftlern und Journalisten brachen auf, um die Medizin-Wunder zu bestaunen und zu untersuchen. Jumbo-Jets, vollgepackt mit teilweise unheilbar Kranken, nahmen Kurs auf Manila, die Hauptstadt der Philippinen.

Obwohl die deutschen Massenmedien in der Zeit von 1971 – 1973 die philippinischen Heiler als Schwindler hinstellten und hinter den Geistheilungen intelligente Taschenspielertricks vermuteten, überrollte in den siebziger Jahren eine riesige Patientenwelle die 7000 Inseln mit dem tropischen Monsunklima. Was die maladen Westler – nicht nur Menschen aus Europa, sondern auch aus den USA und anderswo – erwartete, war so exotisch wie die Bevölkerung und der subtropische Regenwald.

Manch hochstudiertem West-Mediziner stockte auf den Philippinen zunächst der Atem. Gewohnt, im blütenweißen Kittel und in keimfreier Umgebung „herumzuschnippeln", mußte der weitgereiste Schulmediziner zur Kenntnis nehmen, daß Operationen auch auf dem hygienischen Niveau eines Bahnhofsklos erfolgreich sein können. Was im heimischen Großklinikum oftmals nur unter totaler

Mobilisierung eines millionenteuren Maschinenparks und massivem Einsatz der chemischen „Pillenkeule" funktioniert, gelingt auf den Philippinen ohne all dies – in einfachen Blechhütten und nur durch ein paar Handgriffe!

Einer der berühmtesten und bekanntesten Geistheiler der Philippinen war Antonio Agpaoa. Dem Dortmunder Chemiker Alfred Stelter gelang es, mehrere Operationen genau zu beobachten und zu filmen. Den Eingriff bei einer amerikanischen Patientin, bei der Agpaoa eine Metastase (Tochergeschwulst) entfernte, beschreibt er so:

„Wir wurden gebeten, für einige Augenblicke das Filmen einzustellen und uns geistig in einer kurzen Meditation zu vereinen. Agpaoa hielt seine Hände wie segnend über die Patientin, schloß leicht die Augen und sprach auf englisch ein kurzes Gebet, Gott in wenigen Worten um seinen Beistand für ein gutes Gelingen der heutigen Operation bittend. Agpaoa trug einen schwarzen Rollkragenpullover und hatte die Ärmel hochgezogen, so daß die Arme bis über die Ellenbogen frei waren. Wir beobachteten jede seiner Bewegungen und konnten später durch unsere Filme den ganzen Vorgang gedächtnismäßig genau rekonstruieren. Seine Hände waren leer, zwischen den zeitweise gespreizten Fingern befand sich garantiert nichts versteckt, und er kam nach dem segnenden Ausstrecken seiner Hände nicht mehr mit diesen an seinen Körper heran, um eventuell mitgebrachte und versteckte Gewebeteile von einem Versteck an seinem Körper in den Operationstisch zu bringen. Agpaoa legte jetzt einen Wattebausch, den er vor unseren Augen in eine mit Wasser gefüllte Plastikschüssel tauchte, auf den Leib der Patientin, die mit offenen Augen auf dem Tisch lag und bei vollem Bewußtsein zu sein schien. Mit äußerster Konzentration blickten alle Augenpaare auf die Hände Agpaoas, als sie nun die Bauchdecke der Patientin mit den Fingerspitzen berührten und leicht zu massieren begannen. Die Gefühle der einzelnen Zuschauer mögen sehr unterschiedlich gewesen sein … als es plötzlich so aussah, als sickere aus der Haut der Patientin Blut hervor, während der Heiler in seiner massierenden, knetenden Behandlung der Bauchdecke fortfuhr. Nach einiger Zeit dieser Einwirkung blickte unter seinen sich ständig bewegenden Fingern, die sich jetzt schräg in die Haut hineinzuschieben schienen, etwas wie rohes Fleisch hervor. Nach einigen weiteren Augenblicken hob Agpaoa allen sichtbar mit der rechten Hand etwas Gewebeartiges aus dem Körper heraus, ohne es von diesem zu lösen. – Der Körper war nun offensichtlich geöffnet. Die linke Hand hielt Agpaoa ständig in der Wunde, um, wie er erklärte, den Körper offen zu halten. – Die Patientin schien nicht die leisesten Schmerzen zu empfinden und machte einige Bemerkungen zu ihrem neben ihr stehenden Mann. Dann richtete sie für einen Augenblick ihren Kopf hoch, so daß sie die Operationsstelle sehen konnte. Sie stieß einen Ruf der Überraschung aus, als sie die blutende, anscheinend offene Wunde sah und das rohe Gewebe, das Agpaoa ständig mit seinen Fingerspitzen bearbeitete, bis er es wieder in den Körper zurückgleiten ließ, um sich gleich darauf, wie es aussah, tiefer in den Körper hineinzuarbeiten. Seine Hände waren stark mit Blut verschmiert. – Neben der Operationsstelle lagen schwarzrote Klümpchen geronnenen Blutes. – Agpaoa schüttelte jetzt ruckartig die im Körper befindliche rechte Hand, wie wenn er etwas mit leichter Gewalt abreißen wollte. Danach warf er etwas Blutiges in die Abfallschüssel. Vermutlich war es der Wattebausch, den er anfangs auf den Leib der Patientin gelegt hatte und möglicherweise dazu benutzte, um das glatte Gewebe besser fassen zu können. Gleich darauf ging Agpaoa zum letzten Mal bei diesem Eingriff mit seiner rechten Hand in die Wunde hinein und holte langsam ein pflaumengroßes Gewebestück heraus, das auf einen

Wattebausch gelegt und der Patientin zum Anfühlen hinge-halten wurde, während die linke Hand vorerst noch in der Wunde blieb. Schließlich nahm er auch seine linke Hand vorsichtig heraus, bis nur noch zwei Finger in die Bauch-decke hineindrückten. Hierbei hatte er gesprochen: ‚One, two, three!' Bei ‚three' war die linke Hand gänzlich vom Körper der Patientin gelöst, und auf dem Körper blieben lediglich eine kleine Blutlache zurück und einige Brocken geronnenen Blutes. Als das Blut abgewischt war, lag die Bauchdecke wieder unversehrt wie vorher da. Das unterhalb der Operationsstelle über die Leinen gedeckte Tuch war bei der Prozedur ebenfalls stark mit Blut be-schmiert worden. – Die Zuschauer, insbesondere die an-wesenden Mediziner, schauten sich verdutzt an. Das Ganze war so schnell und glatt gegangen – es mochte alles in allem zwei bis drei Minuten gedauert haben –, daß uns noch gar nicht zum Bewußtsein gekommen war, was sich hier eigentlich abgespielt hatte. Die Ärzte betasteten und begutachteten das herausoperierte Gewebe. Es bestand für sie offensichtlich kein Zweifel daran, daß es sich um organisches fleischliches Gewebe handelte."[2]

Eine ähnliche Wunderheilung erlebte auch der Schweizer Geschäftsmann Karl Dobesch, der infolge einer langen Cortison-Überdosis fünf Jahre an den Rollstuhl gefes-selt war. Diagnose der Ärzte: schwerste Osteoporose – Schwund des festen Knochengewebes. Medizinische Pro-gnose: unheilbar.

Als Antonio Agpaoa – kurz Tony genannt – im März 1972 den Industriellen operiert, ist auch der Schweizer Arzt Dr. med. Hans Naegli-Osjord (Zürich) dabei, gleich-zeitig auch Präsident der Schweizer Gesellschaft für Pa-rapsychologie:

„Agpaoa nahm bei dem auf dem Operationstisch liegen-den Patienten als erstes einen Eingriff längs der Wirbelsäule vor, bei dem deutlich Sehnen und Muskeln sichtbar wurden. Er entfernte etwas Bindegewebsartiges. Dann führte er Eingriffe lateral der Kniescheibe durch. Alles in allem mochte es vier bis fünf Minuten gedauert haben, wonach Tony den Raum verließ. Wir blieben noch im Zimmer. Plötzlich erhebt sich Dobesch vom Operationstisch, steigt herab und geht aufrecht im Kreis durch das Zimmer, kommt dann auf mich zu und fällt mir um den Hals mit dem Ausruf: Ich kann wieder gehen! Die Anwesenden waren derartig überrascht, daß keiner ein Wort herausbrachte, dann traten den meisten die Tränen in die Augen. Weitere zehn Minuten später ging Dobesch aus eigener Kraft die Treppe hinunter in den Garten. Sein Gang war etwas stockend, und seine Gelenke knackten, aber er konnte gehen … Im Oktober 1972 hat Dobesch eine Gebirgswanderung von vier Stunden gemacht. Er ist nahezu voll arbeitsfähig. Die Psoriasis (Schuppenflechte), die der Anlaß für die Cortison-Behandlung gewesen war, ist ebenfalls stark zurückgegangen."[3]

Die sensationelle Heilung und Besserung ist schulmedizinisch absolut unerklärbar, zumal der Patient nach späteren Röntgenuntersuchungen nach wie vor gehunfähig sein sollte. Noch Jahre später ist der Schweizer Geschäftsmann gesund.

Die Heilerin aus dem Kaukasus

Wissenschaftlich nicht zu erklären scheint auch eine andere Geist-Operation, die sich in einem Staat ereignete, in dem lange Zeit das Jenseitige, das Übernatürliche offiziell totgeschwiegen wurde: in der Sowjetunion.

Es geschah im Operationssaal der Tifliser Volksuniversität, einer Art Volkshochschule mit Universitätscharakter, die es so nur in der Sowjetunion gibt.

Auf dem Operationstisch liegt eine 40jährige Krebspatientin, bei der vor einer halben Stunde eine Totaloperation durchgeführt wurde. Quer über dem Schambein klafft eine acht Zentimeter lange halbmondförmige Wunde, deren Schnittränder mit vier kleinen Haken auseinander gezogen werden.

„So, Sie haben jetzt zwanzig Minuten Zeit", sagt der Chefchirurg. „Sie bekommen Ihr Diplom nur, wenn Sie Ihre Fähigkeiten bei einer Operation beweisen. Ihre Prüfung besteht darin, daß Sie mit Ihren Mitteln eine Naht machen." Fast wie gelähmt bewegt sich die Genossin Medizinstudentin auf den OP-Tisch zu. Plötzlich hört sie die Stimme ihres verstorbenen Vaters: „Füge die Naht zusammen, meine Tochter."

Mit präzisen Bewegungen der Finger streicht sie immer wieder über die Wunde, ohne sie zu berühren. 60 Sekunden geschieht nichts, dann, nach zwei Minuten, beginnen sich die Wundränder wie von Geisterhand gelenkt aufeinander zuzubewegen! Sie treffen sich, verbinden sich miteinander und bilden eine brandig-rote Wulst. Die Wulst sinkt in sich zusammen, verblaßt und nimmt die blaßweiße Farbe der Bauchhaut an. Erschöpft läßt Jewgenija Juwaschewna Dawitaschwili die Hände sinken.

Schon bald wird Frau Genossin Dawitaschwili, kurz Dshuna genannt, zum Heiler-Star im Land des wissenschaftlichen Sozialismus. Denn die Wunderhände der gertenschlanken Bauerstochter heilen nicht nur dutzendweise geplagte Werktätige, sondern werden auch von der Sowjet-Prominenz in Anspruch genommen. So behauptet der Komponist Matschawariani, in 15 Sitzungen von Bronchialasthma befreit worden zu sein. Der Dichter und Leninpreisträger Gamasaow rühmte nach Heilsitzungen mit Dshuna, daß es sich dank ihrer übernatürlichen Fähigkeiten für ihn wieder lohne, zu leben und zu arbeiten.

Auch der Philosoph Spirkin, Mitglied der Akademie der Wissenschaften, welche die 753 fähigsten und privilegiertesten Denker der Sowjetunion vereinigt, schwört auf die schwarzhaarige Wunderheilerin aus dem Kaukasus. Denker Spirkin ist fest davon überzeugt, daß nach einem Viertelstündchen unter Dshunas Händen sein Magengeschwür „ausgetrocknet" sei.

Selbst der verstorbene Staatschef Leonid Breschnew soll 1981 Dshuna aufgesucht haben, die aber auch West-Prominenz gerne behandelt. Der amerikanische Superstar und Country-Sänger John Denver suchte die Heilerin auf, als er 1983 während eines Gastspiels an Grippe erkrankte. Der Komponist und Interpret von Welthits wie „Take me home, country road" war so heiser und verschnupft, daß sein Auftritt gefährdet war. Nach einer 10-Minuten-Behandlung in Dshunas Moskauer Wohnung sang der US-Star am nächsten Abend, als sei er nie erkältet gewesen.

Natürlich ist die schwarzhaarige Kettenraucherin schon bald Forschungsobjekt beamteter Sowjetmediziner. Deren amtliche Untersuchungen bestätigen nur das, was Hunderte im Arbeiter- und Bauernstaat bis dato erlebt hatten: Dshunas Wunderheilungen funktionieren.

Der Chefarzt der Gosplan-Klinik hält in einem Gutachten fest:

„Staatliches Plankomitee der UdSSR
(Gosplan der UdSSR)
Geschäftsführende Abteilung
Poliklinik
Gutachten
Nr. 128   28. Mai 1980

Betr.: Anwendung in der Praxis der bioenergetischen Massage, die von der Genossin Jewgenija Juwaschewna Dawitaschwili in der Poliklinik des Gosplan der UdSSR erprobt wurde.
In der Zeit vom 20. bis 28. Mai 1980 wurden in der Poliklinik des Gosplan der UdSSR neurologisch Kranke be-

handelt, die an akuter Plexusneuritis [entzündliche Erkrankung der Fasern eines Nervengeflechtes], Radikulitis [Entzündungen von Nervenwurzeln im Rückenmark] und Osteochondrose [Veränderung des Knorpel- bzw. Knochengewebes] der Wirbelsäule litten. Es wurden insgesamt 10 Kranke behandelt. Bei der Anwendung der Methode der Kontakt-Akupunktur und Akupunktur ohne Kontakt wurde bei allen Patienten ein deutlicher Effekt festgestellt. Alle 10 Patienten wurden nach der ersten Behandlung von den Schmerzsymptomen befreit. Bei zwei Kranken trat die Heilung nach einer Phase der Verschlechterung am 2./3. Tag und bei einer Patientin am 4. Tag ein.

Bei vier an Radikulitis und Osteochondrose leidenden Patienten wurde vor und nach der Behandlung regionäre Rheographie [Verfahren, das auf einer Durchströmung des Körpers mit hochfrequentem Wechselstrom beruht] mit einem Galimo-Gerät mit rheographischen Indikatorblöcken vorgenommen. Die Untersuchungsmethode hat erwiesen, daß die Schmerzbefreiung mittels der Methode der bioenergetischen Massage wahrscheinlich zur Verringerung der Aktivität des sympathiko-adrenalen Systems führt, der Tonus [Spannungszustand] der peripheren [äußeren] Gefäße sinkt, die Zahl der Arteriolen [kleinste, vor den Kapillaren befindliche Arterien] nimmt zu, das periphere Gewebe wird verstärkt durchblutet. Als Reaktion darauf verringert sich die Kapazität der venösen Gefäße, und der Tonus der größeren Gefäße steigt. Die von Jewgenija Juwaschewna Dawitaschwili angewendete Methode hat eine gute Perspektive, bedarf der Erforschung und Einführung in die medizinische Praxis.

Chefarzt: Siegel"[4]

Um diese Einführung zu blockieren, versuchte Anfang der achtziger Jahre der international bekannte sowjetische Krebsforscher Nikolai Nikolajewitsch Blochin, die

Genossin „Wunderheilerin" mit allen möglichen Tricks hereinzulegen.

So ließ der Präsident der Medizinischen Akademie der Wissenschaften extra herbestellte Kollegen von Dshuna untersuchen, die versuchten, mit falschen Angaben Fehldiagnosen herauszufordern. Doch Blochin hatte Pech. Die Frau mit den magischen Händen heilte die Schulmediziner, die teilweise unter langen chronischen Krankheiten litten. Dshunas Erfolge waren so verblüffend, daß mehrere Test-Patienten sogar heimlich zur Weiterbehandlung kamen.

Fragt man die bekannte russische Heilerin mit den paranormalen Fähigkeiten, woher sie diese habe, verweist sie auf ihre Vorfahren. Dshunas Urahnen waren Assyrer, stammen aus jenem kriegerischen Volk, das etwa um 1200 bis 700 vor Christus ganz Babylonien, Mesopatamien und Kleinasien besetzte. Heute leben in der Sowjetunion etwa 25000 Assyrer, die sich – in den Wirren des Ersten Weltkrieges aus dem Iran und Irak gekommen – am Kaukasus ansiedelten. Noch heute erinnern Ortsnamen wie „Urmija" an die nordpersische Heimat. Dort, im Gebiet Krasnodar, wuchs Dshuna heran und wurde auch mit der jahrtausendealten Geschichte und Religiosität ihres Volkes vertraut gemacht. Dshunas Hinweis auf die Quelle ihrer magischen Heilkunst zeigt den Weg in eine Vergangenheit, in der übernatürliches Heilen zum Alltag der Menschen gehörte.

Denn was heute in Brasilien, auf den Philippinen, in Rußland, aber auch in der Schweiz, Deutschland oder Österreich an Heilphänomenen präsentiert wird, ist alt, ja, geradezu uralt. Diese „alternative Medizin" – in Büchern, Illustrierten und im Fernsehen angepriesen – ist schlichtweg Schnee von gestern, von vorgestern. Dies heißt aber nicht, daß diese Heilkunst veraltet ist. Ganz im Gegenteil!

2

Moderne Heilmethoden aus grauer Vorzeit

Die streng wissenschaftlich orientierte Schulmedizin, gerade hundert Jahre alt, sieht sich hier konfrontiert mit einem Wissen und Können aus jahrtausendelanger Erfahrung. So waren die Assyrer und Babylonier nicht nur exzellente Geistheiler, sondern auch fachkundige Operateure, die sogar Eingriffe am Auge vornahmen.

Geheimnisvolle Berichte auf altem Papyrus

Wie sehr im Altertum medizinische Wissenschaft und Magie zusammenhingen, wird besonders bei den alten Ägyptern deutlich. Da uns heute ein verhältnismäßig reiches Quellenmaterial zur Verfügung steht, läßt sich klar belegen, daß es in der ägyptischen Medizin sowohl eine wissenschaftliche als auch eine magisch orientierte Schule gab. So bietet der Edwin-Smith-Papyrus, der etwa 1600 vor Christus niedergeschrieben wurde, äußerst genaue und wissenschaftlich gehaltene Beschreibungen von Verletzungen und deren entsprechender Behandlungsweise. Der London-Leidener Papyrus demonstriert dagegen den übersinnlichen Zweig der Heilkunst, die Paramedizin.

In Ägypten genossen die Ärzte hohes Ansehen; sie waren in der Regel Priester. Zumeist kamen sie aus den Reihen der Sechmet-Priester, die die löwenköpfige Sechmet als Schutzpatronin der Heilkunst verehrten. Es ist etwas verwunderlich, daß ausgerechnet diese Göttin als Heilgott verehrt wurde, da gerade sie in allen Epochen der ägyptischen Geschichte wegen ihres unberechenbaren Zorns gefürchtet war.

Der Leibarzt des Pharaos war gleichzeitig Hohepriester der Sechmet und auch Meister der Magier. Wie hoch ausgebildet die magische Kunst der Ägypter war, zeigt ein „Zauberei-Wettstreit", der im Alten Testament der Bibel festgehalten wurde:

Die Ägyptischen Zauberer gegen „Gottes Finger"

„Der HERR sprach zu Mose: Siehe zu, ich habe dich dem Pharao zum Gott gesetzt, und dein Bruder Aaron soll dein Prophet sein. Du sollst alles reden, was ich dir gebieten werde, daß er die Kinder Israel aus seinem Land ziehen lasse ...

Da gingen Mose und Aaron zum Pharao und taten also, wie der HERR ihnen geboten hatte. Und Aaron warf seinen Stab vor den Pharao und vor seine Knechte hin, und er ward zur Schlange. Da berief der Pharao die Weisen und Zauberer. Und auch sie, die ägyptischen Zauberer, taten also mit ihrem Beschwören. Und ein jeder warf seinen Stab vor sich hin, und es wurden Schlangen daraus; aber Aarons Stab verschlang ihre Stäbe ...

Und der HERR sprach zu Mose: Sage zu Aaron: Nimm deinen Stab und strecke die Hand aus über die Wasser in Ägypten, über ihre Flüsse, ihre Bäche und über ihre Seen und über alle Wasserbehälter, daß sie zu Blut werden und daß in ganz Ägyptenland Blut sei in hölzernen und steinernen Geschirren. Mose und Aaron taten, wie ihnen der Herr geboten hatte. Und er hob den Stab auf und schlug vor dem Pharao und seinen Knechten das Wasser, das im

Fluß war; da ward alles Wasser im Nil in Blut verwandelt. Und die Fische im Nil starben, und der Nil ward stinkend, so daß die Ägypter das Nilwasser nicht trinken konnten; denn dasselbe ward zu Blut in ganz Ägypten. Aber die ägyptischen Zauberer taten auch also mit ihrem Beschwören ...

Der HERR sprach zu Mose: Geh hinein zum Pharao und sprich zu ihm: So spricht der HERR: Laß mein Volk gehen, daß es mir diene! Weigerst du dich aber, dasselbe ziehen zu lassen, siehe, so will ich alle deine Landmarken mit Fröschen plagen, daß der Fluß von Fröschen wimmele; die sollen heraufkommen in dein Haus und in deine Schlafkammer und auf dein Bett; auch in die Häuser deiner Knechte, unter dein Volk, in deine Backöfen und in deine Backtröge; und die Frösche sollen auf dich und dein Volk und auf alle deine Knechte kriechen. Und der Herr sprach zu Mose: Sage Aaron: Strecke deine Hand und deinen Stab aus über die Flüsse, über die Bäche und Seen, und laß Frösche über Ägyptenland kommen. Und Aaron streckte seine Hand über die Wasser in Ägypten, und die Frösche kamen herauf und bedeckten das Land Ägypten. Da taten die Zauberer mit ihrem Beschwören auch also und ließen Frösche über das Land Ägypten kommen. Da berief der Pharao den Mose und Aaron und sprach: Bittet den HERRN, daß er die Frösche von mir nehme und von meinem Volk, so will ich das Volk ziehen lassen, daß es dem HERRN opfere! Mose sprach zum Pharao: Du sollst die Ehre haben zu bestimmen, auf wann ich für dich, für deine Knechte und dein Volk erbitten soll, daß die Frösche von dir und deinen Häusern vertrieben werden und nur im Flusse bleiben. Er sprach: Auf Morgen! Da sprach Mose: Wie du gesagt hast; auf daß du erfahrest, daß niemand ist wie der HERR, unser Gott! ...

Und Mose schrie zum HERRN der Frösche wegen, die er dem Pharao auferlegt hatte. Und der HERR tat, wie Mose gesagt hatte. Die Frösche starben in den Häusern, in den Höfen und auf dem Felde. Und sie häuften dieselben zusammen, hier einen Haufen und dort einen Haufen; und das Land stank davon.

Da aber der Pharao sah, daß er Luft gekriegt hatte, verhärtete er sein Herz und hörte nicht auf sie, wie denn der HERR gesagt hatte.

Da sprach der HERR zu Mose: Sage zu Aaron: Strecke deinen Stab aus und schlage den Staub auf der Erde, daß er in ganz Ägyptenland zu Mücken werde. Sie taten also. Und Aaron streckte seine Hand aus mit seinem Stab und schlug in den Staub auf der Erde, und er wurde zu Mükken in ganz Ägyptenland. Die Zauberer versuchten, mit ihrem Beschwören auch Mücken hervorzubringen; aber sie konnten es nicht. Und die Mücken kamen über die Menschen und das Vieh. Da sprachen die Zauberer zu Pharao: Das ist Gottes Finger!"

Diese Auszüge aus dem Bibeltext in 2. Mose, Kapitel 7 und 8, belegen, daß die ägyptischen Magier ihre Zauberkünste hervorragend beherrschten, aber gegen die Allmacht Gottes doch nicht ankamen. Daß sie ihre magischen Kenntnisse auch in der Medizin anwandten, ist nicht verwunderlich.

Was geschah in den Heiltempeln?

Die magische Heilkunst wurde gewöhnlich in den Tempeln angewandt, da die Ärzte ja zugleich Priester waren. Einige der Tempel erlangten große Berühmtheit als Wunderheilstätten, und der Strom der Kranken dahin wollte nicht abreißen.

Sehr bekannt für seine Heilerfolge war der Tempel von Dendera, dessen Ärzte-Priester wahrscheinlich zwei verschiedene Heilmethoden anwandten: die magische Wunderkur und den Heilschlaf.

„Im Tempel befand sich ein langer Gang, an dessen Wänden Statuen mit eingemeißelten heilkräftigen Zauberformeln aufgestellt waren. Diese Statuen wurden mit Wasser übergossen, das darauf in Becken unterschiedlicher Größe und Tiefe geleitet wurde. Das Wasser hatte auf diese Weise die Zauberkraft der Beschwörungsformeln angenommen, und die Kranken badeten darin, in der Hoffnung, geheilt zu werden.

Außerdem ließ man die Patienten im Tempel schlafen, um auf diese Weise eine Art therapeutischen Traum hervorzurufen. Eine solche Nacht muß ein eigenartiges Erlebnis gewesen sein. Die Heilung suchenden Menschen schliefen in kleinen Räumen, die des Nachts stockdunkel waren – lediglich einige besondere Lampen brannten, um die gewünschten Träume zu evozieren. Diese Atmosphäre wird sicherlich nicht selten bei dem Kranken einen Zustand bewirkt haben, der der Hypnose nahe kam. Wenn er schließlich tatsächlich in einen tiefen Schlaf fiel, hoffte er, in einem Gespräch mit den Göttern etwas über den Weg seiner Heilung zu erfahren."[1]

Menschen des „einfachen Volkes", die eine kurze ambulante Behandlung oder nur eine medizinische Beratung benötigten, konnten in das „Haus des Lebens" gehen. Das so bezeichnete Gebäude oder der Gebäudekomplex befand sich meist in der Nähe des Tempels. Dort war die Bibliothek des Tempels untergebracht, und dort studierten auch die Hüter das Tempelwissen. Wer also einen Heilspruch oder eine Fluchformel benötigte, konnte im „Haus des Lebens" die Medizin-Magier um Rat fragen. Sie lieferten ihm Beschwörungsformeln, deuteten Träume, brauten Tränke, mit deren Hilfe man die Liebe einer begehrten Person zu gewinnen trachtete, verschafften Amulette oder wehrten bösen Zauber ab.

Aber nicht nur Magisches bestimmte die Medizin der Ägypter. So belegt der Edwin-Smith-Papyrus, daß auch das medizinische Wissen hochentwickelt war. Der Edwin-Smith-Papyrus ist wiederum eine Kopie eines verlorengegangen Papyrus aus der Pyramidenzeit, der um 4000 vor Christus entstanden sein soll. Er belegt, daß die damaligen Ärzte schon auf einem hohen Niveau der Knochenchirurgie arbeiteten. In dem Papyrus werden 48 verschiedene Fälle erörtert. Sie waren im wesentlichen auf Verletzungen beim Bau der Pyramiden zurückzuführen.

Die Volksheiler der Ägypter

Die meisten der noch erhaltenen Papyri berichten allerdings von einer Heilergruppe, die nicht zu den Priester-Ärzten gehörte.

Während die Tempelmediziner bei der Behandlung der Kranken neben wissenschaftlichen Methoden auch die Magie anwendeten, dokterte diese Gruppe fast ausschließlich mit „Kräften aus dem Jenseits" herum. Vergleichbar mit unseren heutigen Gesundbetern oder Geistheilern auf Heilpraktikerbasis, arbeiteten sie beinahe nur mit Zaubersprüchen, Amuletten und anderen Formen der Magie.

Diese Volksheiler nahmen an, daß alle Krankheiten durch böse Geister verursacht würden. Sie versuchten deshalb, die Dämonen mit verschiedenen Mitteln auszutreiben oder zu beschwören.

So berichtet ein Papyrus davon, daß während des Zauberspruchs gegen die Dämonen der Magier mit einem Stock aus Des-Holz einen schützenden Kreis um das Haus des Kranken ziehen sollte. Ein anderer Kreis mußte um das Bett des Kranken gezogen werden, um krankmachende Jenseitskräfte abzuhalten.

Betrachtet man das Gesundheitssystem der alten Ägypter, so kann man feststellen, daß sich durch die Ge-

schichte der Medizin hindurch – von damals bis heute –
die Heilkunst und das Heilwesen kaum verändert haben.

Auch heute gibt es die „Halbgötter in Weiß" auf der einen Seite und die große Schar der Laienheiler mit ihrem
schillernden Sortiment an Übernatürlichem auf der anderen Seite. Dabei ist zu erkennen, daß immer mehr Patienten von diesen „Halbgöttern in Weiß" abfallen und bei
mysteriösen Heilkundigen Hilfe suchen.

Würden Ägyptens magische Volksheiler heute auferstehen – Illustrierte und Boulevardblätter berichteten genauso über sie wie über den Philippino Tony Agpaoa, den
Brasilianer Dr. Queiroz oder die Russin Dshuna.

Aber auch eine ganz andere Art von Heilern ist in die
Schlagzeilen der Massenpresse gerückt; sie lebten Tausende von Jahren vor den ägyptischen Heilmagiern.

Die geheimnisvolle Botschaft uralter Höhlenbilder

Am 12. September 1940 machen vier französische Jungen
einen bedeutenden Fund. Sie entdecken die Höhle von
Lascaux bei Montignac-sur-Vézère. Noch ahnt niemand,
daß dieses Felsenloch eine Sensation birgt, die manchem
Vorgeschichtsforscher Kopfzerbrechen bereiten wird. Als
Ausgräber die Höhle systematisch untersuchen, entdekken sie in einem acht Meter tiefen Spalt eine merkwürdige Darstellung. Dicht über dem Boden sind an der
Wand des Schachtes Bilder zu erkennen, mit schwarzer
Farbe auf den gelben und braunen Kalkstein aufgetragen:

„Ein mächtiger Bison steht da, schwer verwundet durch
einen Speer. Aus der Wunde quellen Eingeweide heraus.
Die Haare des wutentbrannten Tieres sträuben sich. Vor
dem Bison liegt ein Mann, starr ausgestreckt, die Arme
von sich gespreizt, an den Händen je vier Finger. Er hat
offenbar einen Vogelkopf und ist sehr einfach, kindlich

oder primitiv gezeichnet. Außerdem ist auf dem Bild ein Nashorn zu sehen, das nach links abgeht. Schließlich erkennt man noch eine liegende Harpune und eine Stange, auf der ein Vogel sitzt.

Bison und Nashorn sind sehr naturalistisch gezeichnet. Gerade der Bison, dessen Eingeweide durch den gefährlichen Widerhaken des Speeres herausgerissen sind, wirkt ungemein dramatisch und doch natürlich mit seinem zur totbringenden Wunde gewendeten Kopf. Bei dem langgestreckten Menschen und bei dem Vogel kam es dem Künstler scheinbar nur darauf an, eine Idee festzuhalten, und zwar eine Idee, die sich mit zeichnerischen Mitteln nicht ausdrücken läßt."[2]

Über eines sind sich die Vorgeschichtsforscher einig: diese Bilderzeichnung ist als Vorstufe späterer Bildschriften von größter Bedeutung. Die Zeichnung will etwas mitteilen. Sie versucht, über ein Geschehnis zu informieren. Aber über welches?

Handelt es sich um eine Jagdszene, wie etliche Forscher glauben? Einen tödlichen Jagdunfall vielleicht? Der tote Mann am Boden, der verwundete Bison, das flüchtende Nashorn? Wenn das so wäre, blieben doch einige Tatsachen ungeklärt. Warum hat der gefallene Mensch einen Vogelkopf? Was bedeutet der Vogel auf der Stange? Und warum ist gerade der am Boden liegende Mensch so unwirklich dargestellt, während die übrige Darstellung so real wirkt? Worüber will die Szene, die etwa um 20 000 vor Christus entstanden sein könnte, tatsächlich berichten?

Einige Wissenschaftler gehen davon aus, daß dieser Bildergeschichte eine schamanistische Szene zugrunde liegt.

3

Geistheilung und Schamanismus

Was ist Schamanismus? Um dies herauszufinden, müssen wir einen gewaltigen Sprung bis ans Ende des 19. Jahrhunderts machen, dazu geographisch einen mächtigen Satz aus der Südregion Frankreichs an die Nordküste der Sowjetunion. Hier wollen wir die Spur eines Heilertyps aufnehmen, den es zu allen Zeiten der Menschheitsgeschichte gegeben hat und der gegenwärtig in der westlichen Medizin mehr und mehr die Heilerszene bestimmt. Es ist der Schamane.

Obwohl es in fast allen Kulturen und auf allen Kontinenten Schamanen gab und gibt, ist die Betrachtung der „russischen Version" wohl am aufschlußreichsten.

Reisebeschreibung eines russischen Marineoffiziers

In den Jahren 1785-1793 bereist der russische Marineoffizier Gavril Andreevic Sarycev im Auftrag von Zar Alexander I. die Nordküste des russischen Reiches. Von dort bringt er folgenden Bericht mit, der den Auftritt eines Schamanen beschreibt:

„... hatte ich Gelegenheit, zu beobachten, wie ein jakutischer Schamane Geister beschwor. Er war von einem kranken Jakuten hergebeten worden, der wünschte, daß der böse Geist besänftigt werde, der nach dem Glauben der dortigen Bewohner die Ursache der Krankheit war. Der Schamane legte die gewöhnliche jakutische Kleidung ab und zog ein besonderes Schamanengewand an, das aus Rowduga (gegerbter Rentierhaut) hergestellt war, etwas über die Knie reichte und ringsherum mit schmalen Riemen und Blechplättchen von verschiedener Form und Größe behängt war. Als er fertig war, löste er das auf dem Kopf zusammengebundene Haar, rauchte eine Pfeife Tabak, ergriff sein Tamburin, setzte sich in der Mitte der Jurte nieder und begann, ab und zu mit einem Bolujach (ein flacher, mit Rentierhaut überzogener Holzstab) auf das Tamburin zu schlagen, dazu sang er ein Schamanenlied, durch das er, wie der Dolmetscher erzählte, sieben ihm gehorsame Geister namentlich beschwor.

Nach einigen Minuten begann er, das Tamburin öfter zu schlagen und lauter zu schreien, wobei er sich ein wenig erhob und nach allen Seiten drehte. Schließlich sprang er ganz auf und begann im Takt des Tamburins um den Kranken herumzuhüpfen, dabei fuhr er fort, mit seltsamer Stimme zu schreien, und führte die schrecklichsten Körperverrenkungen aus. Sein Kopf mit dem zerrauften Haar wurde bald vor-, bald zurückgeworfen und manchmal so rasch nach allen Seiten gedreht, daß es schien, er säße auf einer Feder. Die Augen glänzten wie bei einem Irren; bald verfiel er aus den heftigsten Bewegungen in eine Art Verzückung oder Bewußtlosigkeit.

Zwei Jakuten bemühten sich darauf, ihn zu stützen. Nach einigen Minuten war er wieder zu sich gekommen und bat um ein Messer; als man es ihm gegeben hatte, stieß er es sich in den Unterleib und befahl einem Jakuten, es mit einem Holzscheit bis zum Heft einzurammen. Dann ging er zum Herd, nahm drei brennende Kohlen heraus, verschluckte sie eine nach der anderen, ohne den geringsten Schmerz zu bekunden, und tanzte darauf noch lange umher.

Endlich zog er das Messer wieder aus dem Leib heraus und begann, nachdem er die Kohlen mit einiger Anstrengung ausgespien hatte, zu weissagen, daß der Kranke genesen würde, wenn dem bösen Geist, der ihn gequält hätte, ein Pferd geopfert würde; dabei bestimmte er, was für ein Fell es haben müßte."[1]

Ob der Kranke durch die Opferung eines Pferdes gesund wurde, wissen wir nicht. Der Bericht des russischen Marineoffiziers gibt hier nur die erste Phase einer Heilprozedur wieder, in der übersinnliche, paranormale Momente eine ausgeprägte Rolle spielen.

Ein Mensch versucht, mit der Geisterwelt in Kontakt zu kommen, um von dort wichtige Informationen zur Bekämpfung einer Krankheit zu erhalten. Dieser Kontakt scheint nur in einem Ekstase- oder Trancezustand zu funktionieren, für dessen Vorbereitung Musik und Tanz offenbar wichtige Elemente sind.

Für den nicht eingeweihten Beobachter geschieht mit dem Schamanen etwas Gespenstisches. Der russische Admiral Ferdinand Petrowitsch Baron von Wrangel (1796-1870), der etliche Schamanen Sibiriens beobachtet hat, beschreibt das so:

„Ein ächter Schamane ist gewiß eine höchst merkwürdige psychologische Erscheinung. So oft ich hier und an anderen Orten operierende Schamanen sah, ließen sie immer einen lange andauernden, düsteren Eindruck in mir zurück; der wilde Blick, die blutrünstigen Augen, die heisere Stimme, die mit äußerster Anstrengung sich aus der krampfhaft zusammengepreßten Brust einen Weg zu bahnen schien, die unnatürlich krampfhafte Verzerrung des Gesichtes und des ganzen Körpers, das emporgesträubte Haar, ja selbst der hohle Ton der Zaubertrommel – alles gibt der Szene etwas Grauenvolles, Mysteriöses, das mich jedes Mal seltsam ergriffen hat ..."[2]

Die Reise in die Geisterwelt

Es scheint eine höchst unheimliche Welt zu sein, die der Schamane ab und zu besucht. Wohl eine Sphäre jenseits unseres Denkens, aus der heraus Geister angeblich bestimmen, wie das Schicksal des Menschen verlaufen soll. Die Ekstase, das Außer-sich-Geraten und die Trance sind sozusagen die engen Einstiegsluken, durch die sich der sibirische Schamane – bei anderen Naturvölkern ist es der Medizinmann oder der Zauberer – hindurchzwängt, um mit den Jenseitswesen zu verkehren.

Der Autor des „Lexikons der Parapsychologie", der bekannte Okkult-Fachmann Werner F. Bonin, schreibt: „In der Ekstase reist der Schamane in den Himmel oder die Unterwelt, oder die Geister dieser Welten besuchen ihn in der Besessenheit."[3]

Ein anderer exzellenter Kenner des russischen Schamanismus war Ivar Lissner (1919-1967). Der Archäologe und Kunstgeschichtler unternahm ausgednnte Studienreisen in alle Kontinente und bemerkte zum russischen Schamanismus:

„Die Schamanen zeichnen sich von ihren Mitmenschen dadurch aus, daß sie Zugang zu der Welt der Seelen und Geister besitzen. Dieser übersinnliche Umgang ist bei den Schamanen sehr viel intensiver als bei den übrigen Sterblichen. Er sucht einen Geist in seinen Besitz zu bringen, nach und nach mehr Geister. Sein Ansehen hängt von der Zahl der Geister ab, die er beherrscht. Um die Geister zu fangen, braucht der Schamane einen Erzspiegel, eine Trommel und ein Schamanenkostüm ... Die ganze Tracht, die nun während des Schamanisierens getragen wurde, ist Abbild eines Vogels, eines Rens oder eines Rehbocks."[4]

In vielen Naturvölkern herrscht die Vorstellung, daß Tiergestalten und verschiedene Tiersymbole die Verbindung zu den Geistern erleichtern. So auch bei den Russen. Sie benutzten Tiermasken, um die Geisterwelt zu beschwören. Bei solchen Beschwörungsritualen wurden auch Stangen mitTierköpfen verwendet, an denen die Geistwesen zu den Kultstätten oder zu den Opfergaben hinabgleiten sollten.

Gab es vor „20 000" Jahren schon Geistheiler?

Betrachtet man mit diesen Informationen die schwarzgelben Felszeichnungen in der Höhle von Lascaux aufs neue, so könnten sie durchaus einen Sinn ergeben. Mehrere Vorgeschichtsforscher stimmen darin überein, daß das Höhlenbild von Lascaux eine Schamanen-Aktion darstellen soll.

Der sterbende Bison wird als Opfertier angesehen, die Stange mit dem Vogel als Verbindung zu den höheren Geistwesen und der langgestreckte Mann mit der Vogelmaske als Schamane, der inTrance gefallen ist. Lissner ist im Rahmen seinerTheorie überzeugt: „Damit scheint das sehr hohe Alter des Schamanismus noch stärker bewiesen zu sein. Vielleicht tönte der dumpfeTrommelklang dieser echten Magier schon vor 20 000 oder 30 000 Jahren in den Höhlen Südfrankreichs oder Nordspaniens, wie wir es noch in der nordmandschurischenTaiga erlebten."[5]

Viele Vorgeschichtsforscher sind sich darin einig: das Schamanentum ist uralt und reicht weit in die Urgeschichte der Menschheit zurück. Ähnlichkeiten zwischen Elementen aus dem russischen Schamanentum, wie sie Lissner noch Mitte dieses Jahrhunderts selbst beobachtete, und Entdeckungen und Funden aus der menschlichen Urgeschichte, lassen den berechtigen Schluß zu: unsere frühzeitlichen Vorfahren standen wie die russischen Schamanen in direktem Kontakt mit der Geisterwelt.

Für sie war diese Geisterwelt beseelt von guten und

31

bösen Dämonen, von denen das menschliche Wohl und Wehe abhängig war. Es darf angenommen werden, daß schon in grauer Vorzeit unsere Urahnen versuchten, mit Magie Macht über diese Jenseitswesen zu gewinnen. Deshalb war der Arzt damals mit Sicherheit zu großen Teilen ein schamanistischer Geistheiler, der mit einer gehörigen Portion Übersinnlichem seine Patienten behandelte.

Lissner meint dazu, es müsse vor 15 000, vor 20 000 Jahren oder noch früher Schamanen gegeben haben, die echte Magie ausübten. Wahrscheinlich vermochten sie, die Seele von Kranken aufzufinden und zu retten und mit ihrer eigenen Seele eine Reise in das Jenseits anzutreten. Sie könnten die Ärzte der Eiszeit gewesen sein. Hätten sie ihr Handwerk nicht verstanden, so wäre unsere Art vielleicht längst ausgestorben.

Das Bild des dummen Primitiven aus dem finsteren Urzeitnebel muß jetzt wohl gründlich geändert werden, bedenkt man, daß die Geistheilung heute im Westen als sensationelle neue Heilmöglichkeit eingesetzt wird. Der Höhlenheiler der Eiszeit würde müde gähnen, wenn er sähe, wie sich im Computer-Zeitalter die alternativen Heilspezialisten mit den Kräften aus dem Jenseits abmühen. Mit Sicherheit wäre er in puncto Geistheilung seinem Berufskollegen um Nasenlängen voraus.

Der Geistheiler als Geistlicher

Aber nicht nur in puncto Geistheilung. Nie war und ist der Schamane oder Medizinmann nur Gesundmacher gewesen. Ähnlich wie bei den Ägyptern war und ist er Heiler, Wahrsager, Priester, Poet und Einweihungsmeister in Geheimnisse aller Art.

Als Mittelpunkt der Stammesgemeinschaft ist der Schamane auch für alles Religiöse zuständig, und dies zumeist als Oberhaupt der Stammesreligion. Er bestimmt, auf welche Weise welche Götter verehrt werden und welche Beschwörungen und Opferungen vorgenommen werden müssen, um die Götter gnädig zu stimmen.

Wie bei den alten Ägyptern läßt sich auch in vielen Stammesgemeinschaften der Naturvölker nachweisen, daß der Schamane nicht nur heilt, sondern entscheidend beeinflußt, was wie geglaubt wird. Diese direkte Verbindung von Religion und Medizin wird uns später in einem anderen, hochaktuellen Zusammenhang beschäftigen. Um dann die inneren Beziehungen verstehen zu können, müssen wir uns den Schamanen noch etwas genauer anschauen. Denn die Geistheiler in Hamburg, Berlin, Zürich, Wien oder anderswo nutzen dieselben Kräfte wie ihre Schamanen-Kollegen aus Afrika, Südamerika oder auf dem ewigen Eis des Nordpols. Der deutsche Geistheiler Karl von Denkendorf beispielsweise lernte von einem australischen Schamanen, Kräfte aus dem Jenseits zu aktivieren.

Der grauenvolle Start in ein Schamanendasein

Das Wort „schaman" kommt aus der tungusischen Sprache. Die Tungusen waren eine Gruppe von 13 Völkern und Stämmen, die – vermutlich aus Nordchina kommend – sich in Obersibirien niederließen.

Vergleicht man ähnliche Worte aus dem Mandschurischen oder Mongolischen, so stellt man fest, daß sie alle einen gewissen erregten, unruhigen Zustand bezeichnen. Behaftet mit einem schwachen Nervenkostüm, ist der Schamane häufig ein Mensch mit unruhiger, teilweise geistesabweisender Haltung. Er ist ein Außenseiter, ein Sonderling, der sich selbst von der Gemeinschaft ausschließt, um sich ganz seinen Visionen, Gesichten und Träumen hinzugeben.

Der bekannte Münchener Völkerkundler Andreas

Lommel schreibt in seinem Buch „Schamanen und Medizinmänner – Magie und Mystik früherer Kulturen" über die sibirischen Schamanen:

„Die ersten Anzeichen dafür, daß sich jemand zum Schamanen berufen fühlt, äußern sich entweder in schubweise aufbrechenden Anfällen, die krampfartige Zustände sind oder auch hysteroide und epileptoide Züge tragen ... In einigen Berichten werden die Ausnahmezustände als krampfartige Anfälle geschildert, die zeitweise, besonders in der Jugend, aber auch vereinzelt im späteren Alter den zukünftigen Schamanen überkommen, so daß er völlig das Bewußtsein verliert und nicht mehr weiß, wo er sich befindet. In heftigen Anfällen schreit und tobt er wie ein Wilder und zerstört alles, was ihm begegnet ... Besonders nach Ereignissen, die in hohem Maße sein Gefühlsleben beanspruchen, wie Visionen und Geistererscheinungen, hat der Schamanenanwärter des öfteren Anfälle, die mit einer Starre verbunden sind, welche den Körper steif und gefühllos machen ... Es kann dabei vorher ein wildes Toben auftreten, das sich auf Gegenstände und die eigene Person erstreckt: Der zukünftige Schamane zeigt sich wie ein Verrückter, manchmal ganz betäubt von seinen Anfällen, dann wieder ängstlich. In den Anfällen haben sie die Neigung, sich selbst zu verletzen, entweder ins Wasser zu springen oder ins Feuer zu laufen. In einem solchen Anfall, der mit Bewußtseinsstörungen verbunden ist, laufen die Betroffenen aus ihren Wohnungen, bleiben tagelang in den Wäldern – man findet sie in Höhlen versteckt oder auf Bäume gestiegen wieder, und dann sind sie nur mit Gewalt nach Hause zu bringen.
Verbrechen und plötzliche Brutalitäten sind bei diesen Menschen nicht selten."[6]

Von Geistern berufen

Dieser sonderbare Start in eine Heiler- und Priesterkarriere mag verwundern, kennt man die Hintergründe dieses fürchterlichen Szenarios nicht. Nach den Berichten der Völkerkundler kann niemand von selbst aus beschließen, Schamane zu werden. Schamanen werden berufen. Unzählige Berichte über das Leben der Naturvölker zeigen, daß diese Berufung fast überall gleich ist. Egal in welcher Ecke der Erde der zukünftige Schamane das Licht der Welt erblickt – berufen wird er durch Geister!

„Im Traum erscheinen ihm nun die einzelnen Geister und unterhalten sich mit ihm in freundlicher Weise. Einer der Geister bietet sich ihm als Hilfsgeist an und sagt ihm, daß er unbedingt ein Schamane werden soll. Das sei seine Berufung."[7]

Geht der Schamane auf den Wunsch der Geister nicht ein, so hat er mit schlimmen Folgen zu rechnen. Nach übereinstimmenden Berichten zwingen nämlich die Geister den „Ausgesuchten" dazu, dieses Amt zu übernehmen. Lehnt er ab, so können, wie glaubhaft versichert wird, gefährliche Geisteskrankheiten und sogar der Tod folgen.

Fast immer steht am Beginn einer Schamanenlaufbahn solch ein mysteriöses Geistererlebnis. Anschließend durchläuft der zukünftige Schamane eine Vorbereitungszeit, die die Tungusen „Einwohnung der Geister" nennen:

„Während der Schamane bewußtlos ist, hat seine Seele sich vom Körper gelöst und ist in die Geisterwelt gegangen, wo sie Unterweisung auf allen Wissensgebieten erhält. So lernt der Schamane die Namen der verschiedenen Geister und ihre Aufenthaltsorte kennen sowie auch die Opfer, die dargebracht werden müssen.

Nach einigen Proben, die er dann abzulegen hat, kehrt seine Seele wieder in den Körper zurück. Wenn der Geist in ihm Wohnung genommen hat, nach der Einwohnung der Geister, widmet sich der Novize ganz der Ausführung der Befehle seiner Traumgesichte."[8]

In zahlreichen völkerkundlichen Berichten wird dieser Informationsfluß aus der Geisterwelt vermerkt. So wird von einem sibirischen Schamanen berichtet, daß ihn im Traum ein kleinwüchsiger Geist Gesänge und „liturgische Texte" lehrte. Erst am Ende der Ausbildung erfährt der schamanistische Lehrling den Namen dieses Geistes.

Nicht nur im russischen Teil Europas, sondern auch in Amerika oder Australien sind es Geistlehrer, die ihre menschlichen Sklaven anleiten, Befehle auszuführen. Dabei erweisen sich die Meister aus dem Jenseits als grauenvolle Tyrannen, die ihre Opfer zunächst einmal bestialisch quälen. In sehr vielen Berichten über die Vorbereitungszeit des Schamanen wird diese Lektion als „Zerschnittenwerden" bezeichnet. Lommel meint, daß in dieser Phase der Schamane einen außerordentlich gefährlichen psychischen Prozeß durchmache, dessen Ergebnis eine Steigerung seiner physischen Existenz sei.

„Die Leidenszeit des Schamanen kann so intensiv sein, daß auch die Menschen seiner Umgebung in Mitleidenschaft gezogen werden – ja, es gibt Berichte, in denen die Geister den Tod eines oder mehrerer Angehöriger des Schamanen verlangen und er erst, nachdem diese gestorben sind, die volle Schamanenkraft erreicht."[9]

Eine seelische Höllenfahrt

Das für den Schamanen gräßlichste Erlebnis ist das „Zerschnitten- oder Gekochtwerden seines Körpers". Der

Schamane durchleidet dieses Phänomen als eine grauenvolle seelische Quälerei, die ihm die Geister zufügen.

Der russische Schamane Michael Savvitsch Nikitin beschreibt das so: „Ich liege da als ein Toter und werde (von Geistern) zerschnitten. Am dritten Tage muß ich auferstehen."[10] Von einer Schamanin wird folgendes überliefert: „Die Zeit ist da, wo sie meinen Leib aufschneiden. In drei Tagen werde ich sterben und dann auferstehen." Noch gräßlicher sind die Überlieferungen der Tungusen, die von ihren Schamanen folgendes sagen: „Ehe ein Mensch Schamane wird, ist er lange krank. Sein Verstand verwirrt sich. Die Schamanenvorfahrengeister seiner Sippe kommen, sie zerhacken ihn, zerreißen ihn, schneiden sein Fleisch in Stücke, trinken sein Blut. Sie schneiden seinen Kopf ab und werfen ihn in den Ofen … Nur derjenige empfängt die Gabe des Schamanismus, der in seiner Sippe Schamanenvorfahren hat, die von Geschlecht zu Geschlecht übergehen; und nur, wenn diese seinen Körper zerschnitten haben und seine Knochen untersucht haben, kann er zu schamanisieren beginnen."[11]

Die Heilfähigkeit der Schamanen scheint von solchen Prozeduren abhängig zu sein: „Er hilft unter der Voraussetzung, daß die Quelle einer bestimmten Krankheit, der böse Geist, seinen Anteil seines Fleisches bekommen hat."[12]

Eine Dame, die „gekocht und zerschnitten" wurde

Daß der Kontakt mit der Geisterwelt eine furchtbare Angelegenheit ist, beteuert auch eine Dame, deren „Lehren und Weisheiten" zur Zeit große Bedeutung erlangen. Mit ihrer Arbeit wollte sie die Voraussetzungen für eine Weltreligion schaffen, in der alle Glaubensrichtungen einen Platz finden sollten. Tatsächlich hat sie erhebliche Vorarbeit dafür geleistet. Langsam scheint ihr Traum in Erfüllung zu gehen, und die Geistheilung spielt dabei eine wichtige Rolle.

Als ihr Freund Colonel Henry Steel Olcott, mit dem sie später die Theosophische Gesellschaft gründet, sie darum bat, ihn mit der Geisterwelt bekannt zu machen, warnte sie ihn:

„Paß auf, Henry, bevor du dich mit dem Kopf vorneweg in diese Sache stürzt, ... noch ist Zeit, die Verbindung abzulehnen. Wenn du den Brief, den ich dir geschickt habe, annimmst, das Wort ... akzeptierst, wirst du gekocht, mein Junge ... Die Versuchungen und Prüfungen werden auf deinen Glauben herunterregnen. Denke an die sieben Jahre, die meiner Initiation (Einweihung) vorausgingen, Versuchungen, Gefahren und der Kampf gegen alle inkarnierten Dämonen und ganze Heerscharen von Teufeln, und denke darüber nach, bevor du dich entscheidest."[13]

Die Russin war mit der Geisterwelt so vertraut, daß sie – wann und wo sie wollte – mit Hilfe der Geister übersinnliche Phänomene hervorrufen konnte. Selbst Wunderheilungen durch Handauflegung waren für sie nichts Besonderes.

Helena Petrowna Blavatsky (1831-1891), kurz Madame Blavatsky genannt, verfügte über geheimnisvolle Kräfte, die sie aus einer anderen Welt schöpfte. Menschen in ihrer Nähe empfanden sie wie ein Kraftfeld, das seltsame Energien ausstrahlte.

Wie die meisten Schamanen durchlief auch die eigentliche Begründerin der Theosophischen Gesellschaft (Vereinigung mit dem Charakter einer Geheimgesellschaft) eine siebenjährige Einweihungszeit, in der sie mit Informationen und geheimem Wissen aus der Geisterwelt ausgestattet wurde. Die Tatsache, daß die oftmals jähzornige Madame das Gekochtwerden erwähnt, belegt die enge Verwandtschaft mit dem russischen Schamanismus.

4

Tiefenpsychologie contra Geisterwelt

Sicherlich werden heutige Psychologen das im vorigen Kapitel beschriebene Gekocht- oder Zerschnittenwerden als übersteigertes psychisches Empfinden abtun. Auch die Geisterwesen werden im Lichtkegel moderner Erkenntnisse als nur in der Einbildung vorhandene Gespenstertruppe entlarvt. Lommel meint dazu:

„Die Geister sind natürlich nicht Geisterwesen, die außerhalb des Menschen existieren und ihn beeinflussen, von ihm Besitz ergreifen usw., sondern eigene Vorstellungen des Menschen, Bilder seiner Psyche, Manifestationen seines eigenen Ichs ... Mangels Distanz zu sich selbst ist der Primitive oder im Falle einer übernatürlichen Manifestation Besessene nicht in der Lage, die Geister als Erscheinungsformen seiner eigenen Psyche zu erkennen: Sie erscheinen ihm als Wesen einer anderen Welt, die sich seiner bemächtigen ..."[1]

Sind Geister also nur Bild-Kreationen unseres Unterbewußtseins? Sind sie rein menschliche Erfindungen? Ist es letztlich doch ein selbst ausgesuchtes Schicksal, wenn Schamanen überall auf der Welt versichern, daß sie von Geistern zu ihrem Amt gezwungen worden seien?

Die Geisterwelt – nur ein primitives Erklärungsmodell für seelische Vorgänge? Mit Wissen über die Tiefenpsychologie würden die einfältigen Eingeborenen sicherlich zu den richtigen und wahren Erklärungen finden. Wirklich? Wer kann denn beweisen, daß sich die Tiefenpsychologie tatsächlich für die Untersuchung und Beurteilung der „Geister-Phänomene" eignet? Ist sie nicht vielmehr nur ein Erklärungsversuch – einer unter mehreren?

Die Tiefenpsychologie versucht, diese Geisterphänomene mit wissenschaftlichen Methoden zu ergründen. Dabei geht sie ganz selbstverständlich davon aus, daß es keine wirkliche Geisterwelt gibt. Aber wenn doch? Warum sollte der Primitive mit seinem Erklärungsmodell „Geisterwelt" nicht richtig liegen? Schließlich kann er einen gewaltigen Trumpf ausspielen: die Tatsache, daß in einer jahrtausendealten Menschheitsgeschichte Milliarden von Menschen dieses „Erklärungsmodell" als Wirklichkeit erfuhren. Die Tiefenpsychologie als Wissenschaft ist dagegen noch keine hundert Jahre alt. Ein erstes zaghaftes Forschen begann um 1890, und nur langsam breiteten sich – von Europa kommend – erste Erkenntnisse bis in den letzten Winkel der Erde aus. Die Annahme der Existenz von Geisterwesen in einer Geisterwelt dagegen ist in allen fünf Kontinenten der Erde ganz unabhängig voneinander entstanden. Obwohl das Innenleben der Geisterwelt von Kontinent zu Kontinent unterschiedlich ausgeschmückt ist, sind charakteristische Kernelemente in allen Erdteilen gleich: eine Einteilung der Geister in gute und böse, eine gewisse Rangordnung, ihre Beziehung zu den Menschen und die Art, wie mit ihnen zu verkehren ist, ihre Wirkungsweise und vieles mehr.

Primitive Geistergläubige und die Geheimnisse der Pyramiden

Sollten sich die sogenannten Primitiven vieler Jahrhunderte grundlegend getäuscht haben – Millionen von teilweise hochintelligenten Menschen, wie zum Beispiel die

Inkas mit ihrer hochstehenden Kultur? Oder auch die alten Ägypter, die mit ihrer Pyramidenbauweise der modernen Wissenschaft immer noch schier unergründliche Rätsel aufgeben?

Mittlerweile weiß man, daß etwa die Pyramiden von Gise mit jeder Seite exakt nach einer Himmelsrichtung ausgerichtet sind. Schon zur Zeit Napoleons versuchten Gelehrte, diese Monumentalbauten zu vermessen, um gewissen Geheimnissen auf die Spur zu kommen. In den letzten Jahren haben sich vor allem die Amerikaner mit dem Pyramidenbau befaßt und herausgefunden, daß im Grabkammerbereich bisher noch nicht erforschte Kräfte wirken. So bauten Forscher zwei Pyramiden im Mini-Format nach. In die erste Pyramide legten sie in Höhe der Grabkammer eine Hälfte eines Stückes rohen Fleisches. Auf den Boden der zweiten Pyramide kam die andere Hälfte. Nun wurde die erste Pyramide exakt nach Osten ausgerichtet, während das andere Pyramiden-Modell aus der Richtung gedreht wurde. Nach 20 Tagen machten die Forscher eine interessante Entdeckung. In der nach Osten ausgerichteten Pyramide vertrocknete das rohe Stück, es mumifizierte sich selbst. In der anderen Pyramide verfaulte der Fleischbrocken, den die Wissenschaftler auf den Boden gelegt hatten.

Offenbar konzentrierten sich auf der Höhe der Grabkammer der nach Osten ausgerichteten Pyramide unerforschte Energien. Die Wissenschaftler vermuten, daß innerhalb der Pyramide Energien reflektiert werden, die alle Fäulnis verursachenden Bakterien töten. Weiter fanden sie heraus: das Experiment funktioniert nur, wenn die Bausubstanz der Pyramide aus elektrisch nicht leitfähigem Material besteht, beispielsweise aus Holz, Glas, Stein oder Kunststoff.

War Imhotep ein Primitiver oder ein Genie?

Die ägyptischen Pyramiden sind ohne Zweifel phänomenale Meisterleistungen der Baukunst. Sie enthalten Geheimnisse, die bis heute nicht enträtselt werden konnten. Diese mysteriösen Steinberge, zu deren Bau – wie bei der Cheops-Pyramide – bis zu 2,3 Millionen Steinblöcke verwendet wurden, haben Architekten entworfen, die fest an eine Götter- und Geisterwelt glaubten. Sie verstanden es auch, durch Magie Energien aus der jenseitigen Welt einzusetzen. Einer der fähigsten Magier ist Imhotep gewesen. Er galt nicht nur als „Chefmagier", sondern war auch gleichzeitig der bedeutendste Arzt und Architekt seiner Zeit. Unter seiner Leitung und Aufsicht wurde die älteste Pyramide Ägyptens errichtet, jene des Königs Djoser, der wahrscheinlich in der Zeit von 2778 bis 2723 vor Christus gelebt hat.

War jener Imhotep als Architekt ein Genie, aber als „Chefmagier" mit seinem Glauben an eine Geisterwelt „nur" ein Primitiver?

Der Geistergläubige aus dem Computerzeitalter – ein Primitiver?

Was ist mit denen, die heute behaupten, mit einer Geisterwelt in Kontakt zu stehen und von dort Botschaften und auch Kräfte zum Heilen zu erhalten? Fällt der brasilianische Geistheiler Dr. Queiroz, der im Herbst 1986 erstmals in Europa operierte, auf Täuschungen seines Unterbewußtseins herein, wenn er mit Hilfe des verstorbenen deutschen Arztes Dr. Fritz eine Wucherung am Auge wegoperiert?

Was ist mit dem deutschen Geistheiler Erich Manke aus Bremen, der behauptet, seine übersinnlichen Heilfähigkeiten von einem Geist erhalten zu haben? Hat damals das Unbewußte verrückt gespielt, als er die „Heilgabe" erhielt? Wie war es bei Dshuna, die von einem ähnlichen Erlebnis berichtet (auf das wir noch näher eingehen werden)?

Viele Geistheiler rund um den Erdball behaupten, sie bezögen ihre heilenden Kräfte aus dem Jenseits – von Wesen, die ihnen den Gebrauch dieser übersinnlichen Kräfte erlaubten. Andere verfügen einfach über diese geheimnisvollen Kräfte, ohne zunächst genau zu wissen, aus welchen Quellen sie eigentlich kommen. Es überfällt sie plötzlich, ähnlich wie bei den Schamanen, und von Stund an können sie heilen. Oftmals erst nach Jahren stellen auch sie fest: meine paranormalen Kräfte sind mir von Geistwesen übertragen worden.

5

Einblicke in die
unsichtbare Dimension

Bleibt also die zentrale Frage: Gibt es eine Geisterwelt, oder gibt es sie nicht? Ist eine Energieübermittlung aus dem Jenseits möglich, ja oder nein? Wenn ja, was sind das für Energieströme, von denen die Geistheiler so oft reden? Was geschieht eigentlich mit mir, wenn ich mich durch Geister gesundmachen lasse? Ist Geistheilen wirklich so ungefährlich? Gibt es Nebenwirkungen, vielleicht sogar lebensdrohliche Nebenwirkungen?

Diesen Fragen wollen wir nachgehen. Aber zunächst muß auf die zentrale Frage eingegangen werden: gibt es eine Geisterwelt, oder gibt es sie nicht? Wir antworten hier nicht aus einem menschlichen Blickwinkel heraus, und die Informationen, die wir für eine Klärung anführen, entstammen nicht dem Hirn eines Menschen. Es gibt einen exzellenten Informationsspeicher, der eine riesige Menge von Daten und Fakten bereithält; sie können uns entscheidend weiterhelfen, unsere „Geisterfrage" zu beantworten.

Es ist erstaunlich, warum diese „Informationsbank" trotz ihres hohen Bekanntheitsgrades kaum genutzt wird. Dafür gibt es ganz bestimmte Gründe. Einer der Gründe liegt darin, daß dieser Informationsspeicher weitaus mehr ist als eine Ansammlung von hieb- und stichfesten Mitteilungen. Wer ihn studiert, wird erfahren: In ihm steckt etwas Besonderes.

Der „Informationsspeicher", von dem die Rede ist, ist die Bibel, die Heilige Schrift, Gottes Wort. Die Bibel gibt uns Auskunft über zahlreiche Zusammenhänge zwischen Himmel und Erde, die wir ohne biblische Mitteilung nicht vollständig und richtig erfassen und verstehen würden.

Nun ist dieses heilige Buch aber kein Nachschlagewerk im landläufigen Sinne. Die Bibel ist Gottes Wort, das heißt, sie ist weit mehr als Papier, Druckerschwärze und Karton- oder Ledereinband. Die Worte und Sätze stammen von Gott höchstpersönlich, ja, so darf man vermuten, sie sind ein bedeutender, charakteristischer Bestandteil seines Wesens. Die Tatsache, daß die Bibel von Menschen aufgeschrieben wurde, ändert nichts daran. Im 2. Timotheus-Brief, Kapitel 3, Vers 16, heißt es: „Die ganze Schrift ist von Gottes Geist eingegeben und nützlich zur Belehrung, zur Überführung, zur Zurechtweisung, zur Erziehung in der Gerechtigkeit, damit der Mensch Gottes vollkommen sei, zu jedem guten Werk ausgerüstet."

Die unsichtbare Dimension

Die Bibel bezeugt uns in vielen Beschreibungen (2. Korinther 4,18; Hebräer 11,3 oder Kolosser 1,15-16), daß es eine sichtbare und eine unsichtbare Wirklichkeit gibt.

Hans Rohrbach meint:

„Diese ihre [die biblische] Schau umfaßt die gesamte Wirklichkeit, mit der es der Mensch zu tun hat, die ihn unbedingt angeht, von der er also wissen sollte. Die sichtbare Wirklichkeit ist die Welt des Menschen, in die er hineingeboren wird, in der er lebt und arbeitet, die er erforscht und sich nutzbar macht, die er verwaltet und zu beherrschen sucht, die er aber auch wieder verlassen muß. Das Unsichtbare als die Welt Gottes ist die Wirklichkeit, in der der Mensch als ein Gedanke Gottes entsteht

(Psalm 139,15 und 16), von der er abhängig ist, vor der er sich zu bewähren hat und in die er zurückgerufen wird (Psalm 90,3), weil er sich dort für sein Leben im Sichtbaren zu verantworten hat ... Vom Unsichtbaren wissen wir nur dadurch, daß dem Menschen von dort her Kunde gegeben wurde, d. h. durch Offenbarung, durch Selbstmitteilung Gottes oder der Mächte und Gewalten aus dem Unsichtbaren in das Sichtbare hinein."[1]

Weiter meint Hans Rohrbach: „Im Grunde kann nicht ernst genug betont werden, daß das Unsichtbare die wahre, eigentliche Realität ist, von der das Sichtbare (und damit auch der Mensch) erst Existenz und Struktur erhalten hat."[2]

Im Alten wie im Neuen Testament finden wir Erlebnisse beschrieben, in denen Menschen hautnahen Kontakt mit dieser anderen Wirklichkeit hatten, mit ihr in Berührung kamen. Eine der eindrucksvollsten und wohl bekanntesten Beschreibungen steht in der Apostelgeschichte, Kapitel 9. Es ist die Bekehrungsgeschichte des Christenverfolgers Saulus.

„Auf der Reise aber begab es sich, als er sich der Stadt Damaskus näherte, daß ihn plötzlich ein Licht vom Himmel umstrahlte. Und als er zur Erde fiel, hörte er eine Stimme, die zu ihm sprach: Saul, Saul, was verfolgst du mich? Er aber sprach: Wer bist du, Herr? Der aber sprach: Ich bin Jesus, den du verfolgst."

In diesem Damaskus-Erlebnis spricht Gottes Sohn selbst zu einem Menschen – aus der unsichtbaren Welt in die sichtbare Welt hinein. Das einzige, was Paulus wahrnimmt, ist die Stimme und ein sehr helles Licht. Dieses helle Licht finden wir häufig bei der Begegnung mit der unsichtbaren Welt Gottes. Es ist geradezu ein Erkennungszeichen, denn Gott selbst wohnt in einem „unzugänglichen Licht. Keiner der Menschen hat ihn je gesehen, noch kann ihn sehen" (1. Timotheus 6,16). Licht auch dann, wenn Gott oder sein Sohn nicht selbst sprechen, sondern sich andere Wesen aus der unsichtbaren Welt melden: die Engel.

Als Boten Gottes überbringen sie Gottesnachrichten wie beispielsweise den Hirten in der Weihnachtsnacht:

„Und siehe, ein Engel des Herrn trat zu ihnen, und die Klarheit des Herrn umleuchtete sie; und sie fürchteten sich sehr. Und der Engel sprach zu ihnen: Fürchtet euch nicht! Denn siehe, ich verkündige euch große Freude, die dem ganzen Volk widerfahren soll. Denn euch ist heute der Retter geboren, welcher ist Christus, der Herr, in der Stadt Davids" (Lukas 2,1-11).

Helles Licht scheint eines der Hauptmerkmale Gottes zu sein: „Ich bin das Licht der Welt", sagt Jesus. „Wer mir nachfolgt, wird nicht wandeln in der Finsternis, sondern wird das Licht des Lebens haben" (Johannes 8,12). „Gott ist Licht" (1. Johannes 1,5). Ja, er ist der „Vater aller Lichter" (Jakobus 1,17).

Fassen wir noch einmal kurz zusammen:

▷ Es gibt eine unsichtbare Wirklichkeit.
▷ Diese unsichtbare Wirklichkeit scheint unsere Wirklichkeit, die wir mit unseren fünf Sinnen erfassen können, in irgendeiner Weise zu durchdringen.
▷ Gott wohnt in einem Licht, das niemandem zugänglich ist.
▷ Wenn eine direkte Verbindung zwischen unsichtbarer und sichtbarer Welt zustande kommt, kann diese mit einem Lichtphänomen verbunden sein.
▷ Außer Gott und seinem Sohn Jesus Christus halten sich in dieser unsichtbaren Sphäre noch andere Wesen auf, zum Beispiel die Engel.

Die Engelwelt

Die Engel werden 108mal im Alten Testament und 165mal im Neuen Testament genannt. Engel sind nach Auskunft der Bibel neben Gott die Hauptwesen in der unsichtbaren Welt. Nach Psalm 148, Verse 2-5, sind die Engel auf einen Befehl Gottes hin entstanden:

„Lobet ihn, alle seine Engel; lobet ihn, alle seine Heerscharen! Lobet ihn, Sonne und Mond; lobet ihn, alle leuchtenden Sterne! Lobet ihn, ihr Himmelskörper und ihr Wasser oben am Himmel! Sie sollen loben den Namen des Herrn, denn sie enstanden auf sein Geheiß."
„Du Herr, bist der Einzige! Du hast den Himmel, aller Himmel Himmel samt ihrem Heere gemacht ..." (Nehemia 9,6).

Engel sind somit – wie Menschen und Tiere – Geschöpfe Gottes. Welche Aufgaben haben sie? Welche Aktivitäten entfalten sie in der für uns Menschen unsichtbaren Sphäre? Zunächst sollten wir wissen, daß es sehr viele Engel gibt, wenn auch an keiner Stelle der Heiligen Schrift die genaue Zahl genannt ist. Nachdem Daniel, ein Mann des Alten Testamentes, in einem traumähnlichen Zustand Einblicke in das Unsichtbare gewährt bekommen hat, schreibt er nieder: „Tausendmal tausend dienten ihm, und zehntausendmal zehntausend standen vor ihm" (Daniel 7,10). Gemeint sind Engelwesen, deren Zahl auch im neutestamentlichen Hebräerbrief mit „Myriaden", also unzähligen Tausenden, angegeben wird. Es gibt wohl nur einen, der die genaue Zahl der Engel weiß, das ist Jehova-Zebaoth, der Herr der Heerscharen.
Diese große Anzahl von Engeln scheint nicht bunt durcheinandergewürfelt, sondern nach einer ganz bestimmten Rangfolge geordnet zu sein. A.C. Gaebelein schreibt in seinem Buch „Die Welt der Engel": „Die Hei-

lige Schrift verkündet, daß es in der Engelwelt, diesem weiten Reich voll Licht und Herrlichkeit, verschiedene Stufen und Ordnungen gibt. Im Epheser- und Kolosserbrief lesen wir von Fürstentümern, Gewalten, Herrschaften und Thronen, die in jener unsichtbaren Welt, den himmlischen Örtern, vorhanden sind (Epheser 1,21 und Kolosser 1,16)."[3]

So wird uns von Engelpersönlichkeiten berichtet, die wohl eine außergewöhnlich hohe Stellung im unsichtbaren Reich Gottes einnehmen. Dreimal ist in der Heiligen Schrift der Erzengel Michael genannt, dessen Name im Deutschen „Wer ist wie Gott?" bedeutet. „Ein Mächtiger Gottes" ist der Engel Gabriel, der zu Zacharias, dem Vater von Johannes dem Täufer sagte: „Ich bin Gabriel, der vor Gott steht" (Lukas 1,19). Gabriel war es auch, der aus der unsichtbaren Welt den Menschen die wichtigste aller Botschaften brachte:

„Im sechsten Monat aber wurde der Engel Gabriel von Gott in eine Stadt Galiläas namens Nazareth gesandt zu einer Jungfrau, die verlobt war mit einem Manne namens Joseph, vom Hause Davids; und der Name der Jungfrau war Maria. Und der Engel kam zu ihr herein und sprach: Sei gegrüßt, du Begnadigte! Der Herr ist mit dir, du Gesegnete unter den Frauen. Als sie ihn aber sah, erschrak sie über seine Rede und dachte darüber nach, was das für ein Gruß sei. Und der Engel sprach zu ihr: Fürchte dich nicht, Maria! Denn du hast Gnade bei Gott gefunden. Und siehe, du wirst empfangen und einen Sohn gebären; und du sollst ihm den Namen Jesus geben" (Lukas 1,26-31).

Michael und Gabriel scheinen zu den höchsten Engelwesen zu gehören, während andere, wie die Cherubim und Seraphim, die offenbar ebenfalls hochstehende Engelwesen sind, keine Position wie die des Engelfürsten und der Gottes-Engel einnehmen.

Nun präsentiert uns die Bibel jedoch keine lückenlose Engellehre. Die spärlichen Einblicke, die uns in das Leben der unsichtbaren Welt gewährt werden, ermöglichen keine grundlegende Untersuchung oder umfassende Darstellung dieser Dimension. Dennoch sind die flüchtigen Eindrücke nicht so zusammenhanglos, daß keine vorsichtige Beschreibung versucht werden dürfte. Allerdings muß man sich über eine Tatsache im klaren sein: die Vermittlung einer genauen Vorstellung scheitert daran, daß wir für das Unsichtbare keine angemessene Ausdrucksweise haben. Prof. Rohrbach schreibt:

„Allgemein gilt: Um von der unsichtbaren Wirklichkeit im Sichtbaren in rechter Weise reden zu können, bedarf es einer bildhaften Denkform und Sprache. Diese begegnet uns in der Bibel in der wahren und eigentlichen Form."[4]

Der Apostel Paulus gibt dazu im zweiten Brief an die Korinther einen interessanten Hinweis:

„Ich weiß von einem Menschen in Christus, daß er vor vierzehn Jahren – ob im Leib, weiß ich nicht, oder außer dem Leib, weiß ich nicht; Gott weiß es – , daß dieser bis in den dritten Himmel entrückt wurde. Und ich weiß von dem betreffenden Menschen – ob im Leib oder außer dem Leib, weiß ich nicht; Gott weiß es –, daß er in das Paradies entrückt wurde und unaussprechliche Reden und Mitteilungen hörte, die auszusprechen einem Menschen nicht erlaubt ist" (2. Korinther 12, ab Vers 2).

Dieser Textstelle kann man entnehmen, daß all das, was Menschen in der Begegnung mit der unsichtbaren Welt erlebt haben, in der Darstellung letztlich schemenhafte, unzulängliche menschliche Beschreibungen eines übersinnlichen Phänomens sind. Diese Schilderungen sagen gar nichts über die tatsächliche Art und Qualität des Objektes aus.

Haben Engel Energiekörper?

Die Darstellung eines Engels, wie wir sie beispielsweise bei Daniel finden, gibt uns keine exakten Auskünfte über die tatsächliche Beschaffenheit dieses Engels. Daniel versucht nur, das Gesehene mit für ihn bekannten Eindrükken wiederzugeben:

„Und ich hob meine Augen auf und schaute und siehe, da stand ein Mann, in Leinwand gekleidet und die Lenden mit Gold von Uphas umgürtet. Und sein Leib war wie ein Tarsisstein, und sein Antlitz strahlte wie der Blitz und seine Augen wie Feuerfackeln; seine Arme aber und seine Füße sahen aus wie poliertes Erz, und die Stimme seiner Rede war wie das Tosen einer Volksmenge. Und ich, Daniel, sah die Erscheinung allein; die anderen Männer aber, die bei mir waren, sahen sie nicht; doch befiel sie ein großer Schrecken, daß sie flohen und sich verbargen. Und ich blieb allein zurück und sah diese große Erscheinung. Es blieb aber keine Kraft in mir, und mein Aussehen ward sehr schlecht, und ich behielt keine Kraft. Und ich hörte die Stimme seiner Worte; als ich aber die Stimme seiner Worte hörte, sank ich ohnmächtig auf mein Angesicht zur Erde nieder. Und siehe eine Hand rührte mich an und half mir, daß ich mich auf meine Knie und Hände stützen konnte. Und er sprach zu mir: Daniel ..." (Daniel 10,5-11)

Zunächst ist festzuhalten, daß die Körperlichkeit des Engels sich von der des Menschen Daniel erheblich unterschied. Der Leib des Engels war „wie ein Tarsisstein", das Antlitz strahlte „wie ein Blitz", die Augen leuchteten „wie Feuerfackeln", und Arme und Füße sahen aus „wie poliertes Erz".

Der Tarsisstein gehört zu den Mineralen und ist grün bis leicht bläulich schimmernd gefärbt. Die seltsame Erscheinung hat somit etwas Leuchtendes, Glänzendes, Strahlendes an sich. Eine Art Energiekörper, würde der heutige Betrachter vielleicht feststellen. Der Gedanke, daß Daniel hier mit einer unbekannten Energieansammlung in Berührung gerät, wird auch noch dadurch erhärtet, daß er ohnmächtig auf sein Angesicht sinkt, als der Engel anfängt zu sprechen.

Beschreibungen solcher möglichen „Energiekonzentrationen" werden uns an verschiedenen Stellen der Bibel bis hinein in das Buch der Offenbarung gegeben. Unabhängig davon, aus welchem Stoff die Körper der Engel tatsächlich bestehen, steht eines außer Zweifel: die Bibel lehrt die Körperlichkeit der Engel. Gaebelein schreibt in seinem Buch „Welt der Engel":

„Sie sind Persönlichkeiten und, obwohl Geister, besitzen sie ihre eigenen besonderen Leiber. Daß diese nicht den unsrigen gleichen, können wir den Worten unseres auferstandenen Herrn entnehmen. Als er plötzlich inmitten seiner Jünger erschien, schrieen diese vor Furcht auf! Sie aber erschraken und wurden von Furcht erfüllt und meinten, sie sähen einen Geist. Er aber sprach zu ihnen: Was seid ihr bestürzt und warum steigen Gedanken auf in euren Herzen? Sehet meine Hände und meine Füße, daß ich es selbst bin; betastet mich und sehet, denn ein Geist hat nicht Fleisch und Bein, wie ihr sehet, daß ich habe! (Lukas 24,37-39) Demzufolge lehrt unser Herr ausdrücklich, daß ein Geist keinen Körper von Fleisch und Blut besitzt."[5]

Wie immer die Engel auch beschaffen sein mögen, ihr Auftreten ist meistens mit der Ausstrahlung von besonderen Kräften verbunden, denen der Mensch nicht gewachsen ist. Diese Tatsache wird uns später noch bei der Untersuchung der Geistheilung näher beschäftigen. Viele Geistheiler behaupten nämlich, mit Energien aus dem Jenseits zu heilen. Weil das durchaus glaubhaft erscheint, werden wir versuchen, den „Energien aus dem Jenseits" auf die Spur zu kommen. Dabei müssen wir vorher allerdings noch etwas intensiver die biblische Darstellung der Engelwelt betrachten. Denn die Informationen, die die Heilige Schrift zu diesem Thema bietet, bringen klares Licht in das geheimnisvolle Dunkel, das die heutigen Heilphänomene umhüllt.

Wesentliche Merkmale der Engel

Konzentrieren wir uns nun auf das Wesen der Engel. Im 2. Petrusbrief, Kapitel 2, Vers 11 ist angedeutet, daß sie größere Macht und Stärke besitzen als wir Menschen. Sie können mehr, weil ihnen übermenschliche Kräfte zueigen sind: „Verwegen, frech, wie sie [gemeint sind falsche Propheten und Lehrer] sind, fürchten sie nicht, die Majestäten zu lästern, wo doch Engel, die an Stärke und Macht größer sind, kein lästerliches Urteil wider sie bei dem Herrn vorbringen."

Neben ihrer übermenschlichen Macht haben die Engel auch übermenschliches Wissen: „... aber mein Herr ist weise, gleich der Weisheit eines Engels, der alles weiß, was auf Erden vorgeht" (2. Samuel 14,20)

Zwar sind Engel sehr weise, aber sie sind nicht allwissend. So kennen sie beispielsweise nicht den Tag, an dem Jesus Christus aus dem Himmel auf die Erde zurückkehren wird: „Von jenem Tag aber und der Stunde weiß niemand, auch nicht die Engel im Himmel, auch nicht der Sohn, sondern nur der Vater" (Markus 13,32).

Neben strahlender Herrlichkeit, Macht, Stärke und Weisheit tragen die Engel noch andere Wesenszüge in sich. Auf einen von ihnen sollten wir ganz besonders unser Augenmerk richten; es ist die Demut.

Nach Jesaja, Kapitel 6, Vers 2, bedecken die Engel vor

Gott ihr Gesicht und ihre Füße. Von Menschen lehnen sie jegliche Anbetung und Huldigung ab. Sie wissen, daß dies nur einem einzigen zukommen darf, und das ist Gott.

Als Johannes einen großzügigen Einblick in das Unsichtbare mit einer Vorschau auf zukünftige Ereignisse bekommen hat, will er den Engel, der ihm das ermöglichte, anbeten:

„… und als ich es gehört und gesehen hatte, fiel ich nieder, um anzubeten vor den Füßen des Engels, der mir solches gezeigt hatte. Und er sprach zu mir: Siehe zu, tue es nicht! Denn ich bin dein Mitknecht und der deiner Brüder, der Propheten, und derer, welche die Worte dieses Buches bewahren. Bete Gott an" (Offenbarung 22,8-9).

Alle Aktivitäten der Gottesengel haben eines zum Ziel: den Schöpfer von Engeln und Menschen zu verherrlichen. Obwohl sie „anbetungswürdig" erscheinen, sind sie doch „nur" Diener, die Gott den Menschen zur Seite stellt, die an ihn glauben.

Ein anderes Beispiel. Elisa, der Prophet Gottes, sitzt in der Falle. Diese Falle ist die Stadt Dotan, die der syrische König Benhadad mit seiner riesigen Armee lückenlos eingekreist hat. Der Grund: Benhadad will Elisa an den Kragen. Er will den Propheten Gottes gefangen nehmen. Die Situation scheint aussichtslos zu sein, so sieht es jedenfalls Elisas Knecht: „Da sprach sein Knecht zu ihm: O weh, mein Herr! Was wollen wir tun?" Und nun Elisas Antwort:

„Fürchte dich nicht! Denn derer, die bei uns sind, sind mehr, als derer, die bei ihnen sind. Und Elisa betete und sprach: Herr, öffne ihm doch die Augen, daß er sehe. Und siehe, da war der Berg voll feuriger Rosse und Wagen rings um Elisa her" (2. Könige 6,15-17).

Es waren mehr Engel als Soldaten der syrischen Armee!
Die Engeltruppe hatte eine ganz bestimmte Aufgabe: Sie
sollte Elisa, dem Mann Gottes, in einer möglichen Ge-
fahr zur Seite stehen.

In dieser Geschichte erfahren wir bereits etwas über
den Aufgabenbereich der Engel Gottes. Nach dem Hebräerbrief, Kapitel 1, Vers 14, sind die Engel „dienstbare
Geister, ausgesandt zum Dienst um derer willen, die das
Heil ererben sollen."

Engel als überirdische Helfer für irdische Gläubige!
Dies geht so weit, daß Engel ganz praktisch für die körperlichen Bedürfnisse von gläubigen Menschen sorgen und
sorgten. Die Geschichte von Elia unter dem Ginster-
strauch berichtet davon:

„Und er [Elia] legte sich und schlief ein unter dem Gin-
sterstrauch. Und siehe, ein Engel rührte ihn an und
sprach zu ihm: Stehe auf und iß! Und als er sich umsah,
siehe, da war zu seinen Häupten ein auf heißen Steinen
gebackener Brotkuchen und ein Krug Wasser. Und als er
gegessen und getrunken hatte, legte er sich wieder schlafen" (1. Könige 19,5-7).

Daß Engeln im Dienst an Gläubigen selbst physikalische
Gesetzmäßigkeiten nicht im Wege stehen, belegt fol-
gender Bericht in der Apostelgeschichte, Kapitel 12,
Verse 5-10:

„Petrus nun wurde im Gefängnis verwahrt; aber von der
Gemeinde geschah ein anhaltendes Gebet für ihn zu
Gott. Als aber Herodes ihn vorführen wollte, schlief Pe-
trus in jener Nacht zwischen zwei Soldaten, gebunden mit
zwei Ketten, und Wächter vor der Tür verwahrten das Ge-
fängnis. Und siehe, ein Engel des Herrn stand da, und ein
Licht leuchtete im Kerker, und er schlug Petrus an die
Seite, weckte ihn und sagte: Steh schnell auf! Und die

Ketten fielen ihm von den Händen. Und der Engel sprach zu ihm: Gürte dich und binde deine Sandalen unter. Er aber tat es. Und er spricht zu ihm: Wirf dein Oberkleid um und folge mir. Und er ging hinaus und folgte und wußte nicht, daß es Wirklichkeit war, was durch den Engel geschah; er meinte aber, eine Erscheinung zu sehen. Als sie aber durch die erste und zweite Wache gegangen waren, kamen sie an das eiserne Tor, das in die Stadt führte, das sich ihnen von selbst auftat! Und sie traten hinaus und gingen eine Straße entlang, und sogleich schied der Engel von ihm. Und als Petrus zu sich selbst kam, sprach er: Nun weiß ich in Wahrheit, daß der Herr seinen Engel gesandt und mich gerettet hat aus der Hand des Herodes ..."

Dieser biblische Bericht läßt erkennen, daß Engel sich über physikalische Gesetzmäßigkeiten hinwegsetzen können und die Naturgesetze für sie keine Gültigkeit haben. Den Helfern aus der unsichtbaren Welt scheint nichts unmöglich.

Gottes Engel handeln ausschließlich in seinem Auftrag. Menschen sind nicht in der Lage, sie direkt anzusprechen, um sie zu Aktivitäten zu bewegen. Als Petrus im Gefängnis saß, betete seine Gemeinde nicht zu irgendeinem Engel, sondern in einem anhaltenden Gebet zu Gott. Von dort ging dann wohl der Befehl an den Engel, den gefangenen Apostel zu befreien.

Im Überblick der gesamten Heiligen Schrift läßt sich sagen: Gott wacht durch seine Engel unablässig über alle Gläubigen. „Er hat seinen Engeln befohlen über dir, daß sie dich behüten auf allen deinen Wegen" (Psalm 91,11).

Eine Einbahnstraße Gottes

Die unsichtbare Dimension mit den Millionen von Engelwesen hat die Menschen schon von Anfang an interessiert und fasziniert. Schon sehr früh in der Menschheitsgeschichte sind Menschen auf die Idee gekommen, diese Engelwesen direkt anzusprechen, um deren übermenschliche Fähigkeiten zu nutzen. Die zahlreichen Mythologien, Götter- und Geisterlehren auf allen Kontinenten belegen es in farbenprächtigen Schilderungen.

Doch die Verbindung zur Engelwelt gestaltet sich äußerst problematisch, denn Gott hat sie als Einbahnstraße gedacht: von ihm über seine Diener zu den Menschen, aber nicht umgekehrt. Das hat seinen Grund: Gott weiß, daß der direkte, selbständige Kontakt mit der Engelwelt für die Erdenbewohner in zweifacher Weise gefährlich ist:

▷ Der Mensch ist der Begegnung mit diesen Wesen, aus welchen Gründen auch immer, nicht gewachsen.

▷ Die Herrlichkeit und Macht der Engel scheint den schwachen Menschen dazu zu verleiten, den Blick ausschließlich auf diese Wesen zu richten und damit das Interesse an Gott zu verlieren.

Nun könnte man einwenden: Gott wird doch niemals seine Diener losschicken, damit sie ihm die Menschen abwerben. Das scheint auch nicht der Fall zu sein, wenn man an die schon genannte Textstelle aus der Offenbarung denkt: „Bete Gott an, nicht mich!" sagte der Engel zu Johannes.

Doch nicht alle Engel reagieren so. Es gibt Engelwesen, die genau das Gegenteil wünschen. Sie wollen tatsächlich von den Menschen verehrt werden. Fast alle ihre Aktivitäten richten sie darauf aus, die Menschen dazu zu bringen, ihnen selbst in irgendeiner Weise zu huldigen. Auch sie halten sich in der unsichtbaren Dimension auf, und auch ihnen sind übermenschliche Kräfte und außerordentliches Wissen zueigen.

Was war vor Adam und Eva?

Niemand weiß, wann sich der schreckliche Vorfall ereignete – präziser gesagt: kein Mensch weiß es. Eine Erklärung für die Katastrophe ist vorhanden, doch über die eigentliche Ursache hat bisher niemand etwas herausfinden können. Seitdem es Menschen gibt, versuchen sie, hinter dieses Geheimnis zu kommen. Die zahlreichen Bemühungen führten bisher zwar zu etlichen Erklärungsmodellen, aber die ließen bei gründlicher Prüfung zu viele Fragen offen. Es geht schlicht und einfach um das zentrale Problem des Menschen: Warum handelt er böse? Woher kommt das Böse überhaupt?

Die beiden ersten Menschen, Adam und Eva, wurden im Paradies verführt, raffiniert verleitet, das Böse zu tun. Das Böse war bereits da, als sich die beiden Menschen gegen Gott entschieden. Aber wo ist das Böse hergekommen, wie und wo ist es entstanden?

Im ersten Kapitel der Bibel erfahren wir, daß alles, was Gott geschaffen hatte, gut war. Alles! Dazu gehörten auch die Engel, denn auch sie sind ja von ihm erschaffen worden. Sie müssen schon dagewesen sein, als Gott die Erde und den Menschen schuf. Im Buch Hiob finden wir einen Hinweis auf die Zeit, da die Engel ins Dasein gerufen wurden. Gott sagt zum kranken Hiob:

„Wo warst du, als ich die Erde gründete? Tue es kund, wenn du Einsicht besitzt. Wer hat ihre Maße bestimmt, wenn du es weißt? Oder wer hat über sie die Meßschnur gezogen? Oder wer hat ihren Eckstein gelegt, als die Morgensterne miteinander jubelten und alle Söhne Gottes jauchzten?" (Hiob 38,4-7)

Gaebelein schreibt: „Daß sich Jehova hier auf die Schöpfung bezieht, ist vollkommen klar. Die Engel existierten also schon, als Gott der Erde Grund legte, als er zum ersten Mal schuf. Und als sie Seine Schöpfungswunder erblickten, jauchzten sie vor Freude."[6]

Verschiedene Textstellen des Alten Testamentes verstehen unter den „Söhnen Gottes" die übernatürlichen Wesen, die wir als Engel bezeichnen. Diese unsichtbare Welt war also schon da, als der Mensch von Gott erschaffen wurde. Und sie war wohl am Anfang genauso in Ordnung wie die gute Erdenschöpfung Gottes.

Vom Glanzgestirn zum schwarzen Engel

Doch irgendwann ereignete sich in der unsichtbaren Welt ein Zwischenfall. Die Bibel gewährt uns keinen näheren Einblick in den Ablauf dieses Vorfalls. Sie deutet uns jedoch mit einigen Einzelheiten an, was sich im Unsichtbaren abgespielt haben könnte. Zunächst einmal dürfen wir annehmen, daß die Engel als vollkommene Wesen sich in einem Zustand befanden, in dem sie ohne Zwang entweder das eine oder das andere tun konnten. Sie hatten wohl die Möglichkeit, sich vollkommen frei zu entscheiden. Diese Freiheit beinhaltete auch die Möglichkeit zu sündigen, sich gegen Gott aufzulehnen. Die Engel müssen mit Gott in einer intensiven und vollkommenen Harmonie gelebt haben. Trotzdem geschah das Unglaubliche.

Ein Teil der Engel lehnte sich gegen Gott auf. Ihr Anführer war ein vollkommener Engel mit einer überaus hohen Stellung vor Gott. Seine Benennungen, wie „Sohn der Morgenröte" oder „Glanzgestirn", charakterisierten ihn auch als außerordentlich schöne Erscheinung. Sein Name: Luzifer. Doch aus dem „Lichtbringer" wurde Satan, ein Engel, den Gott stürzte und in die Finsternis stieß.

„Wir müssen daraus schließen, daß der Fall der Engel auf ihre bewußte, selbst gewollte Revolte gegen Gott zurückzuführen ist. Es war die Entscheidung zugunsten ihrer eigenen Belange und Ansprüche, die sie der Entscheidung für Gott und seine Ansprüche vorgezogen haben. Wenn wir nach einem speziellen Motiv für diese Revolte fragen, so scheinen wir von der Schrift mehrere Antworten zu bekommen. Zunächst ist hervorzuheben, daß sie großen Wohlstand [Hesekiel 28,16] und außergewöhnliche Schönheit [Hesekiel 28,12] besaßen. Als nächstes scheinen ungebührlicher Hochmut [Hesekiel 28] und der Wunsch, Gott zu übertreffen, weitere Hinweise auf den Fall Satans und seiner Engel zu sein. Es hat sich also gezeigt, daß es auf jeden Fall Selbstsucht und Unzufriedenheit waren, die Satan und seine Vasallen antrieben. Es besteht kein Zweifel darüber, daß der Fall Satans auch den Fall der anderen bösen Engel bzw. Dämonen zur Folge hatte."[7]

6

Gott, der Allmächtige, und der Fürst dieser Welt

Das Böse hat seinen Ursprung also in der unsichtbaren Welt, jedoch nicht in Gott. In der Person Satans trat das Böse hier auf der Erde in Erscheinung, zum ersten Mal im Paradies, bei Adam und Eva. Diese Tatsache darf uns Menschen aber nicht dazu verleiten, unsere Entscheidung, das Böse zu tun, mit diesem letztlich nicht zu erklärenden Zwischenfall in der unsichtbaren Welt zu entschuldigen.

Unsere Entscheidung für das Böse haben wir vor Gott ganz allein zu verantworten. Die Existenz einer Pistole ist noch lange kein Grund dafür, einen Menschen damit zu erschießen.

Adam und Eva haben aus eigenem Entschluß heraus das getan, was Gott verboten hatte. Obwohl es ihnen in der Gemeinschaft mit Gott blendend erging, übertraten sie sein Gebot: „Du sollst essen von allen Bäumen des Gartens; aber von dem Baum der Erkenntnis des Guten und des Bösen sollst du nicht essen; denn welchen Tages du davon issest, mußt du unbedingt sterben" (1. Mose 2,16-17).

Warum haben die beiden ersten Menschen der Weisung Gottes nicht Folge geleistet? Weil sie auf jemand anders hörten. Dieser andere sprach: „Ihr werdet keineswegs des Todes sterben, sondern Gott weiß: an dem Tage, da ihr davon esset, werden eure Augen aufgetan, und ihr werdet

63

so sein wie Gott und wissen, was gut und böse ist" (1.
Mose 3,4-5). Dieser andere war das leibhaftige Böse, der
Teufel. Er log den glücklichen Paradiesbewohnern vor,
sie müßten keineswegs „des Todes sterben", und sie könnten so sein wie Gott.

Bisher ist dem Teufel nichts neues eingefallen. Auch
heute noch arbeitet er mit der „Paradies-Masche". Er
setzt alles daran, damit Menschen auf ihn hören und nicht
auf die guten Weisungen Gottes. Wie sehr er es mit diesen
„ersten" Lügen immer noch schafft, Menschen in die Irre
zu leiten, zeigt das Thema Geistheilung sehr deutlich.

Der ewige Tod für alle Menschen

Seit Adam und Eva tragen alle Menschen das Böse in sich
und lassen sich mehr oder weniger von ihm bestimmen.
Gottes Geschöpfe hörten auf den Bösen und entschieden
sich für das Böse und sind seither „böse von Jugend auf"
(1. Mose 8,21).

„Da ist kein gerechter, auch nicht einer, da ist keiner, der
verständig ist, da ist keiner, der Gott suche. Alle sind ab-
gewichen, sie sind allesamt untauglich geworden, da ist
keiner der Gutes tue, da ist auch nicht einer. Ihr Schlund
ist ein offenes Grab, mit ihren Lippen handeln sie trüg-
lich. Otterngift ist unter ihren Lippen. Ihr Mund ist voll
Fluchens und Bitterkeit. Ihre Füße sind schnell, Blut zu
vergießen, Verwüstung und Elend ist auf ihren Wegen,
und den Weg des Friedens haben sie nicht erkannt. Es ist
keine Furcht Gottes vor ihren Augen" (Römer 3,10-18).

Diese Verse reißen uns gnadenlos jede Maske vom Gesicht und zeigen, wie wir wirklich sind – ohne Ausnahme.
Weil von der Paradieszeit bis heute viele Menschen nicht
auf Gott hören wollen, schaufelt sich jeder selbst sein

Grab, nicht nur für den irdischen Tod, sondern auch für den ewigen Tod. Dieser ewige Tod ist eine Trennung von Gott, die zeitlich niemals enden wird.

Gott selbst wirft den Rettungsring

Doch Gott wollte und will sich mit diesem Zustand nicht abfinden. Er schickte deshalb seinen Sohn Jesus Christus in diese Welt und ließ ihn am Kreuz sterben, um jedem Menschen eine Chance zu bieten, zu Gott zurückzufinden.

Nicht zu irgendeinem Gott, denn dieser Gott hat nicht noch etliche Kollegen, die in anderen Religionen zu Hause sind. „Gott ist einer" (Römer 3,30), und deshalb existiert nur ein einziger Weg, der aus diesem Grab des ewigen Todes herausführt:

▷ „Ich bin der Weg, die Wahrheit und das Leben. Niemand kommt zum Vater, als nur durch mich" (Jesus Christus in Johannes 14,6).

▷ „Denn einer ist Gott, und einer ist Mittler zwischen Gott und Menschen, der Mensch Jesus Christus, der sich selbst als Lösegeld für alle gab ..." (1. Timotheus 2,5-6)

▷ „Denn es ist kein Unterschied, denn alle haben gesündigt und erlangen nicht die Herrlichkeit Gottes und werden umsonst gerechtfertigt durch seine Gnade, durch die Erlösung, die in Jesus Christus ist" (Römer 3,23-24).

Am Kreuz von Golgatha starb dieser Jesus Christus stellvertretend für alle Verfehlungen und Verbrechen des Menschen, zu denen er fähig wurde, seitdem er sich von Gott abgewendet hat.

Aber nicht nur das passierte vor gut 2000 Jahren auf

dem einsamen Hinrichtungshügel vor den Toren Jerusalems. Als sich gegen die neunte Stunde die Sonne verfinsterte und Jesus mit letzter Kraft schrie: „Vater, in deine Hände übergebe ich meinen Geist", hatte der Sohn Gottes noch eine andere Tat vollbracht. Er hatte jemanden besiegt, den die Bibel mit vielen Benennungen charakterisiert: Mörder, Sohn der Morgenröte, der Starke, Fürst dieser Welt, Versucher, Vater der Lüge, Widersacher, Oberster der Teufel.

Der Sohn Gottes hatte den überwunden, von dem in Hebräer 2,15 steht: „... der die Macht des Todes hat, das ist der Teufel." Jesus vernichtete die Todesmacht dadurch, daß er am dritten Tage von den Toten auferstand und den eindeutigen Nachweis erbrachte: Nur er ist Herr über Leben und Tod.

Jesus, die Rettung für alle

Wer Jesus sein Leben anvertraut, ihm bekennt, daß er durch und durch böse ist, darf etwas erfahren, was mit Worten nur schwerlich beschrieben werden kann. Es hat etwas von der Qualität der unsichtbaren Welt und ist letztlich mit menschlichen Möglichkeiten nicht auszudrücken, da die gesamte Persönlichkeit davon betroffen ist. Es handelt sich um eine Veränderung, die den Menschen „innerlich" total umkrempelt. Die Bibel spricht davon, daß durch einen Prozeß nach und nach ein neuer Mensch entsteht. Der neue Mensch lernt zum Beispiel, das Böse Schritt für Schritt zu erkennen, seine Ausmaße im täglichen Leben zu erfassen, es einzudämmen und sogar zu beseitigen. Er lernt auch, daß hinter dem allgemeinen Bösen der Böse steckt, der verstoßene Engel mit seinen Vasallen.

Wenn ein Mensch sich Gott zuwendet, führt das zu einer direkten Reaktion in der unsichtbaren Welt. In Lukas

15,7 sagt Jesus: „Ich sage euch, also wird Freude sein im Himmel über einen Sünder, der Buße tut …"

Der Fürst dieser Welt und seine Gehilfen

Auch die eben zitierte Bibelstelle belegt unzweifelhaft: alle Aktivitäten in unserer sichtbaren Welt stehen in Verbindung mit der unsichtbaren Welt. Wer diese unsichtbare Dimension leugnet, wer glaubt, sie existiere nicht, der wird viele Vorgänge und Ereignisse auf unserer Erde nicht verstehen können. Der wird auch nicht begreifen können, was Geistheiler mit „kosmischen Energien" meinen. Er wird ungläubig dreinschauen, wenn sie von Helfern aus dem Jenseits sprechen oder mit verschiedenen Techniken nicht zu erklärende Kräfte herbeizitieren. Vor allem wird er nicht ermessen und nachvollziehen können, warum eine „Geistheilung" in einem ganz bestimmten Sinn lebensgefährlich sein kann.

Um das verständlich zu machen, müssen wir noch einmal die Aufmerksamkeit auf denjenigen richten, den die Bibel „Fürst dieser Welt" nennt. Er besitzt große Macht und gibt sie dem, der sie haben will und bereit ist, dafür einen hohen Preis zu zahlen: seine Seele.

Es ist genau der, der so sein wollte wie Gott: Luzifer, der mit seinen Engeln den Aufstand gegen Gott versuchte und von ihm verstoßen wurde – gestürzt aus der Lichtregion in die ewige Dunkelheit. Gott sprach zu ihm: „Du hast dich versündigt. Darum will ich dich entheiligen von dem Berge Gottes und will dich ausgebreiteten Cherub aus den feurigen Steinen verstoßen" (Hesekiel 28,16).

Aus dem Glanzgestirn wurde der schwarze Engel Satan, aus den Engelrebellen die „Fürsten und Gewaltigen, die Herren der Welt, die in der Finsternis dieser Welt herrschen, die bösen Geister unter dem Himmel" (Epheser 6,12). Diese bösen Geister unter dem Himmel werden uns in der Bibel als ganz reale Wesen vorgestellt. Penn-Lewis schreibt:

„Gewöhnlich betrachtet man die bösen Geister nur als Einflüsse und nicht als selbständige Wesen, aber in der Bibel finden wir viele Hinweise, daß sie Persönlichkeiten von unterschiedlichem Charakter sind. Denn der Herr richtet Befehle an sie (Markus 1,25; 3,11-12; 5,8; 9,25), sie können reden (Markus 3,11), sie antworten ihm in vernünftigen Worten (Matthäus 8,29), sie empfinden Angst (Lukas 8,31), sie äußern bestimmte Wünsche (Matthäus 8,31), sie verlangen nach einem Ruheort (Matthäus 12,44), sie können sich mit anderen Geistern verständigen, der Grad ihrer Bosheit ist ein verschiedener (Matthäus 12,45), sie geraten in Zorn (Matthäus 8,28), sie sind von großer Kraft (Markus 5,4), sie können in menschliche Leiber fahren, einzeln (Markus 1,26) oder zu Tausenden (Markus 5,9), sie gebrauchen menschliche Medien, um die Zukunft vorauszusagen (Apg 16,16) oder durch ihre Kraft große Wunder zu tun (Apg 8,11)."[1]

Zwar sind die Aufständischen der Engelwelt gestürzt, doch ihre Aktivitäten sind dadurch nicht abgestellt. In einem zweiten Anlauf versuchen Satan und seine Engel noch einmal, am Thron Gottes zu rütteln. Seit ihrem Sturz haben sie hauptsächlich eine Zielvorstellung: Sie wollen mit aller Macht verhindern, daß Menschen zu Gott finden und bei Gott bleiben. Weil der Teufel seinen Schöpfer nicht mehr direkt angreifen kann, geht er mit all seiner Kraft gegen das Meisterwerk der Schöpfung vor: den Menschen.

Zur Verwirklichung dieses Vorhabens benutzt er ein ausgeklügeltes System von Methoden, Tricks und Täuschungsmanövern. Der Theologe Karl Barth beschreibt das so:

„Sein Reich existiert in der Tat ganz ähnlich wie das Himmelreich mit seinen Engeln … Und so konstruiert er auch einen Lügenhimmel mit einem Lügengott und einem Lügenthron, von dem Lügenboten ausgehen, um in Demut und Sachlichkeit der Lüge ein Lügengeheimnis zu verkündigen. Es ist nicht anders zu beschreiben: es ist schon ein wahres Affentheater, das da aufgeführt wird."[2]

Die Bibel tituliert Satan einen Lügner und Verführer. Weil er es nicht geschafft hat, Gott von seinem Thron zu stoßen, versucht er, ihn nachzuäffen.

Wie wir bereits festgestellt haben, lehnen die gottesfürchtigen Engel jegliche Huldigung und Anbetung ab, weil diese allein Gott zukommt. Satan und seine Engel versuchen das genaue Gegenteil. Sie wollen von Menschen angebetet werden. Sie bemühen sich mit aller Macht darum, das Interesse von Menschen zu gewinnen, damit die ja nicht den einzigen, wahren Gott erkennen.

Die Taktik Satans

Bei diesem Vorhaben operieren Satan und seine Dämonen äußerst hinterlistig und geschickt. Seine raffinierte Taktik liegt darin, den Menschen einzureden, es gäbe ihn, den Imitator Gottes, gar nicht. Ebensowenig wie eine unsichtbare Dimension mit bösen Jenseitswesen. Aufgeklärte Menschen glauben eben nicht mehr an den Teufel.

Die Ur-Ur-Urgoßmutter aus dem Mittelalter, die glaubte noch an einen leibhaftigen Teufel. Doch die Kinder des Computer-Zeitalters sprechen von Bedrohung, von negativen Energien, allenfalls vom Teufel als einem bildlichen Ausdruck für die Idee des Bösen:

„Satan läßt die Menschen von heute glauben, er sei nur eine mittelalterliche Figur, eine Idee, ein böser Trieb oder ein Prinzip des Bösen im Gegensatz zum Prinzip des Guten. Viele Menschen halten darum jeden, der wie Jesus Christus und die Apostel an die Existenz Satans und der Dämonen gemäß der Heiligen Schrift glaubt, für töricht oder wenig ‚aufgeklärt' und ungebildet. Manche sind in ihrer Verblendung sogar entrüstet, wenn man ihnen auf Grund von Erfahrungen und klaren Zeugnissen der Bibel die Existenz Satans zu beweisen sucht. Satan weiß die Menschen, ja sogar viele Gläubige, seinem Willen dadurch gefügig zu machen, daß er auf ihre intellektuellen Fähigkeiten, auf ihr Fühlen und Wollen ganz unversehens und unerkannt einwirkt und sie schließlich beherrscht, obwohl sie wähnen, in ihrem Denken, Reden und Handeln selbstständig und frei zu sein."[3]

Satans Vorgehensweise hat Erfolg. Er beherrscht uns um so müheloser, je mehr wir meinen, er existiere überhaupt nicht. Noch leichteres Spiel hat er, wenn es ihm gelingt, auch die Existenz Gottes in Frage zu stellen bis hin zu der Annahme, Gott gäbe es gar nicht. Überhaupt sei alles Übersinnliche Quatsch!
   Die Entwicklung zu einer solchen Annahme begann im christlichen Abendland zu einem ganz bestimmten Zeitpunkt.

Die Aufklärung:
Der Mensch macht sich radikal zum Mittelpunkt

In Europa änderte sich die religiöse Geisteshaltung mit dem Zeitalter der Aufklärung (17./18. Jahrhundert). Sie war ein wichtiger Startschuß für einen Prozeß des sich Loslösens von kirchlichen Lehren und dem „naiven Volksglauben" an den Teufel, an Geister und Dämonen.

„Die Aufklärung vollendete alle Bemühungen seit dem Ende des Mittelalters, den Menschen aus jenseitigen Bindungen zu lösen. Ihr Ziel war die allseitige, selbständige Entwicklung des menschlichen Geistes. Der kulturwissenschaftlich gebildete Geist tritt kritisch an die übernatürlichen Elemente im christlichen Dogma heran ... Die Welt ist zwar von Gott erschaffen, aber ihr gesetzmäßiger Verlauf unabhängig von seinem Einwirken. Gott ist gütig und der Hüter des Sittlichen."[4]

Der Same, der in der Aufklärungszeit ausgestreut wurde, ging nach und nach auf. Der Mensch machte sich radikal selbst zum Mittelpunkt des Weltgeschehens und begann mutig, mit Hilfe der Naturwissenschaft alles Unerklärliche in seinem Leben zu untersuchen und zu bestimmen. Erkennen, schauen, beherrschen – dieser Grundsatz führte zwangsläufig dazu, daß alles Religiöse mehr und mehr in den Hintergrund gedrängt wurde. Durch Parolen wie „Gott ist tot!" und „Es gibt keinen Teufel!" wurden immer mehr Menschen dazu gedrängt, das Wissen um Gott und seinen Gegenspieler aufzugeben. Ausschließlich die Vernunft sollte das menschliche Dasein bestimmen, und da hatten ein Schöpfergott und ein gefallenes Engelwesen keinen Platz, weil beide nicht wissenschaftlich zu beweisen waren.

Nun ist der Mensch aber hoffnungslos religiös. Das heißt, er spürt instinktiv, daß es mehr geben muß, als er im Hier und Jetzt erkennen kann. Darin drückt sich das Urbedürfnis des Menschen nach Rückbindung an Gott, den Schöpfer allen Lebens, aus.

Der Trick mit den Ersatzgöttern

Satan, der Lügengott, weiß um dieses Urbedürfnis, um die ewige Suche des Menschen nach Gott. Deshalb präsentiert er Götzen, Ersatzgötter, um auf das religiöse Bedürfnis der Menschen in der „Nach-Aufklärungszeit" eingehen zu können. Durch die Konzentration auf das rein Diesseitige erscheint es kaum verwunderlich, daß diese Götzen aus der „nachprüfbaren"Welt stammen.

Götze Nr. 1 war und ist der Mensch selbst, der glaubt, durch seinen naturwissenschaftlich gebildeten Geist alle Geheimnisse des Lebens lüften zu können. Aber auch materielle Dinge wie Geld oder Wohlstand entwickeln sich immer schneller zu weiteren Götzen, die innig verehrt werden.

Die Volksweisheit „Geld regiert die Welt" bekommt in diesem Zusammenhang einen überraschenden Sinn. Die Bibel spricht nämlich im 2. Korintherbrief, Kapitel 4, Vers 4, von Satan als dem Gott dieser Welt. Weiter bezeugt uns Gottes Wort, daß hinter jedem Götzen dämonische Mächte stehen und der Götzenverehrer mit ihnen in Verbindung tritt (1. Korinther 10,20).

Wenn der Ersatzgott „Geld" die Welt regiert, dann wird vor dem Hintergrund der biblischen Informationen deutlich, wer in Wirklichkeit dahintersteckt.

Es war schon eine schlaue Taktik des Teufels, das gesamte Interesse auf die materiellen Dinge und auf das rein Innerweltliche zu lenken. Die Ergebnisse dieser eiskalten Berechnung sind heute unübersehbar. Die Zeitphase, die durch die Aufklärung eingeleitet wurde, sollte wohl nur ein Vorspiel darstellen für einen Zeitabschnitt, dessen Beginn wir im Moment erleben. Der naturwissenschaftlich geprägte Geist ist nämlich an einem Punkt angekommen, an dem er feststellt, daß es doch mehr geben muß, als mit der Wissenschaft erfaßbar ist. Grenzen sind erreicht, die die Frage aufwerfen, was jenseits von ihnen liegt.

Der Zeitpunkt, auf den Satan gewartet hat

Mit blankem Entsetzen blicken immer mehr Menschen auf die Auswirkungen der reinen Diesseitsorientierung, auf die Folgen der modernen Götzenverehrung, die auch „stetiger Fortschritt" hieß. Unsere unersättliche Gier nach unbegrenztem Wohlstand machte eine industrielle Entwicklung möglich, deren Abfallprodukte sich zu einem Strick verdrehten, der sich nun schwer um den Hals der gesamten Menschheit legt. Besonders die Bürger der Industriestaaten spüren mit Schrecken, daß sich diese Schlinge langsam, aber sicher zuzieht. Sterbende Wälder, verseuchte Flüsse, kranke Meere, verpestete Luft und vergiftete Nahrungsmittel sind nur einige schockierende Anzeichen dafür. Die Gier nach Macht hat uns den möglichen Atomtod für alle Geschöpfe der Erde beschert.

Bei unserem Streben, „es möglichst weit zu bringen", „nach oben zu kommen", sind gute menschliche Wesensmerkmale wie Barmherzigkeit und Nächstenliebe nicht gefragt, blockieren Gefühle, Sehnsüchte und Träumereien den steilen Weg nach oben. Das Resultat: no future – keine Zukunft. Für immer mehr Menschen scheint das Leben so nicht mehr lebenswert, da Kontostände das Wohlbefinden beeinflussen und ein fehlendes Zehntel nach dem Komma auf dem Schulzeugnis ein ganzes Menschenleben auf ein Abstellgleis befördern kann.

Die Seelenlandschaft, besonders die der Menschen in der westlichen Zivilisation, gleicht einem vollkommen ausgetrockneten Stück Land, das sehnlichst darauf wartet, begossen zu werden. Mittlerweile begreift auch der „aufgeklärteste" Geist, daß dieser Guß „von oben" kommen muß.

Ein Fieber erfaßt mehr und mehr die Menschen der westlichen Welt: Es ist das Suchen nach einer Wirklichkeit hinter der Wirklichkeit; es ist das religiöse Aufbrechen einer durch reine Diesseitsorientierung verhärteten und verkrusteten Seele.

Michael Ende, Autor der Buch-Weltbestseller „Momo" und „Die unendliche Geschichte", skizziert die momentane Situation so:

„Das naturwissenschaftliche Zeitalter, beginnend mit Galilei und Newton, basiert auf dem Glauben, daß die uns wahrnehmbare Wirklichkeit widerspruchsfrei zu beschreiben wäre. Dieser Glaube ist endgültig dahin. Alle führenden Naturwissenschaftler wissen heute, daß eine widerspruchsfreie Beschreibung der materiellen Welt nicht möglich ist und niemals möglich sein wird. Damit ist das naturwissenschaftliche Zeitalter zu Ende. Zweifellos wird diese Tatsache zu einer ungeheuren Bewußtseinswandlung führen. Ganz andere Fragen als die des 19. und 20. Jahrhunderts werden schon in naher Zukunft in den Mittelpunkt des Interesses treten."[5]

Genau auf diesen Zeitpunkt scheint Satan gewartet zu haben. Beharrlich hat er in den letzten Jahrhunderten daran gearbeitet, daß besonders die Menschen in den christlichen Ländern lernten, alles Überweltliche abzulehnen, ihrem Schöpfer ruhigen Gewissens Lebewohl zu sagen.

Das Wissen um die unsichtbare Dimension Gottes ist größtenteils genau in den Ländern verkümmert, deren Bewohner einstmals so fest davon überzeugt waren. Was nicht gänzlich verkümmerte und plötzlich wie ein Vulkan ausbricht, ist die Sehnsucht nach einer anderen Welt, die weit mehr darstellt als unser Hier und Jetzt.

Und tatsächlich kommt aus den Forschungslabors der Wissenschaftswerkstätten die scheinbar rettende Kunde: Es muß viel mehr geben, als wir bisher gedacht haben. Ausgerechnet die Vertreter der Wissenschaft – Physiker, Biologen und andere – behaupten, hinter der von uns bereits ausgeforschten Wirklichkeit existiere noch eine andere Wirklichkeit. Die Bibel sagt dazu im Römerbrief, Kapitel 1, ab Vers 19:

„... weil das von Gott Erkennbare unter ihnen sichtbar ist, denn Gott hat es ihnen sichtbar gemacht. Denn sein unsichtbares Wesen, sowohl seine ewige Kraft als auch seine Göttlichkeit wird von Erschaffung der Welt an in dem Gemachten mit dem Verstand ergriffen und geschaut, damit sie ohne Entschuldigung seien."

Heilung, Heilung, Heilung

Millionen von Menschen fällt es zur Zeit wie Schuppen von den Augen: Ja, es muß eine unsichtbare Welt geben! Und viele machen sich auf den Weg, um diese andere Wirklichkeit zu finden. Sie erhoffen sich von dort nicht nur Hilfe für ihre persönliche Notlage, sondern auch konkreten Beistand zur Rettung der ganzen Erde.

Der Ruf nach einer umfassenden Heilung wird immer lauter: Heilung von Krankheiten, Heilung der Seele, Heilung der gesamten Schöpfung. „Harmonie" ist das Schlagwort der Stunde.

Sehr geschickt weiß der Gegenspieler Gottes diese Situation zu nutzen. Er präsentiert zur Zeit ein märchenhaftes Schauspiel, auf das viele ahnungslos Suchende hereinfallen. Es ist eine prächtige Parade des Lügengottes mit seinem Lügenkabinett, glanzvoll versehen mit einem sprühenden Feuerwerk von Lügenwundern und Lügenerscheinungen. Auf allen Gebieten versucht der Feind Gottes, der ja auch der Feind aller Menschen ist, mit raffinierten Täuschungsmanövern die Nichtsahnenden in die Irre zu leiten. Ein Hauptoperationsgebiet ist die Medizin.

7

Massenstart
ins Übersinnliche

Donnerstag, 9. Oktober 1986. Die Eilenriede-Halle in Hannover gleicht einer Wallfahrtsstätte. Männer und Frauen auf Krücken schleppen sich auf ihre Plätze. Patienten mit Verbänden und Manschetten kommen dahergehumpelt. Auch etwa 50 Rollstuhlfahrer sind da, teilweise mit ihren Hausärzten.

Einer von ihnen ist Harald J. (31) aus Einbeck. Er hatte vor 14 Jahren einen Autounfall und ist seitdem an den Rollstuhl gefesselt: Querschnittslähmung. Ein anderer Kranker ist der 24jährige Volker L.. Er sagt dem Reporter einer Illustrierten:

„Ich bin verzweifelt. Seit meinem Motorradunfall vor zwei Jahren kann ich nicht mehr schlafen, habe wahnsinnige Schmerzen, bekomme starke Schmerzmittel und Schlaftabletten. Ich habe schon an Selbstmord gedacht."[1] Volkers linker Arm ist gelähmt, seine rechte Hand kaum zu gebrauchen. Kein Arzt konnte ihm bisher helfen.

Die beiden jungen Männer hoffen wie viele andere in der Halle auf das Wunder ihres Lebens. Sie haben Hoffnungen gesetzt in einen Massenversuch, den das Zweite Deutsche Fernsehen (ZDF) ermöglichte.

Mit der Sendung „Probe aufs Exempel – gesund durch Gedanken-Energie" wollten die ZDF-Verantwortlichen testen, ob eine Geistheilung für Tausende von Menschen auf einen Schlag möglich sei. Denn nicht nur viele der

2000 Besucher in Hannover sollten kuriert werden, sondern auch Zuschauer in Österreich, der Schweiz, der DDR und der Bundesrepublik.

Etwa 10 Millionen schalteten sich auch ein, als es zur besten Sendezeit hieß: Heilung durch Gedanken-Energie.

Es war nicht das erste Mal, daß der Mainzer Sender das Thema Geistheilung vorstellte. ZDF-Kulturchef Karl Schnelting, selbst überzeugter Anhänger des übersinnlichen Heilens, hatte schon dreimal dem Schweizer Geistheiler Freddy Wallimann ermöglicht, seine Heilkünste einem Millionenpublikum schmackhaft zu machen. Am 9. Oktober war als Hauptakteur nicht nur Freddy Wallimann zugegen, sondern auch seine Frau Silvia, eine bekannte Hellseherin. Sie war es auch, die das gesamte Großexperiment dirigierte.

Bevor sie und ihr Mann in Aktion traten, bemühte sich Karl Schnelting, noch einmal deutlich zu sagen, was nun in der halbgefüllten Halle und in Millionen von Wohnzimmern stattfinden sollte: ein Training, um körpereigene Heilkräfte zu mobilisieren. Er beteuerte, daß es sich dabei um keine religiöse Veranstaltung, sondern um eine reine Entspannungsheilmeditation handele, die sogar die persönliche Einstellung zu Gott nur vertiefen könne.

Daß es bei dieser Entspannungsübung nur am Rande um die Ankurbelung der natürlichen Heilkräfte ging, wurde allerdings schon bald deutlich. Frau Wallimann versuchte, ihr Publikum zunächst in eine Art Trance-Zustand zu versetzen. Umsäuselt von Gherghe Zamfirs Pan-Flöte und Orgelklängen, hatten sich alle Beteiligten zunächst einmal körperlich zu entspannen. Bei geschlossenen Augen mußten sie versuchen, per Gedankenenergie einen geistigen Schutzmantel zu bilden, der alle „in Harmonie und Frieden einhüllen" sollte.

Dann versuchten die Meditierenden, ihre Empfindungen auf die Magengegend zu richten, da in diesem Bereich angeblich ein wichtiges Energiezentrum liegt – das Sonnengeflecht. Mit Hilfe der Vorstellungskraft begann man dann, durch dieses Energiezentrum ein- und auszuatmen. Nach Frau Wallimanns Wunsch sollten jetzt Ruhe, Harmonie und ein Gefühl der Wärme die menschlichen Körper durchströmen, so daß jeder das Gute in sich selbst verspüren konnte.

In einem weiteren Schritt ging es darum, sich selbst zu reinigen. Alle angestauten Energien, die das Wohlbefinden stören könnten, alles Belastende, wurde über die Magengegend in den Kosmos abgegeben. Die Meditationsmeisterin: „Geborgenheit, Zuversicht und Hoffnung breiten sich aus, und ein wunderbares Gefühl der Freude erfüllt uns."[2] Und nun wurde es spannend, denn jetzt begann eine energetische Aufladung, auf die wir später noch eingehen werden.

Alle Teilnehmer wurden aufgefordert, von ihrem Tagesbewußtsein in ein höheres Bewußtsein zu gleiten, um sich in einem nächsten Schritt dem höchsten, geistigen Bewußtsein anzuschließen. Dieses höchste Bewußtsein sei „die alles durchdringende Schöpferkraft", hieß es. Alle positiven Gedanken hätten sich nun vereint zu einem riesigen Kraftfeld, mit dem alle Beteiligten mittels eines geistigen Lichtstrahles verbunden seien.

Frau Wallimann bat dann ihren Ehemann, dieses Kraftfeld mit seinen Gedankenenergien zu verstärken, es zu harmonisieren und aufzuladen. Jeder sollte sich auf die alles durchdringende Schöpferkraft konzentrieren, die von Frau Wallimann als „reinstes Licht" beschrieben wurde. Mit sanfter Stimme forderte sie jeden auf, dankbar dieses reinste Licht in sich hineinströmen zu lassen.

Weiter versicherte sie, daß dieses reinste Licht die eigene Heilkraft, den inneren Arzt, aktivieren könne. Alle Zellen, alle Organe, selbst der seelische Bereich würden von diesem Licht durchströmt.

Daß diese Meditation des göttlichen Lichtes noch aus

einem ganz anderen Grund wichtig war, erfuhr Frau Walli-manns Millionenpublikum nicht. Auch nicht, warum sie zum Schluß ihre Meditationsgemeinde aufforderte, das reinste Licht über die ganze Welt fließen zu lassen und Ge-dankenenergien für den Weltfrieden auszusenden.

Probe aufs Exempel – Bluff des Jahres?

Heilung durch Gedankenkraft hatte das Zweite Deutsche Fernsehen versprochen. Nicht nur die kranken Besucher in der Eilenriede-Halle in Hannover hofften auf Heilung, Tausende von Fernsehzuschauern zu Hause ebenso.

Doch was die Wallimanns in Szene gesetzt hatten, kürte das „Hamburger Abendblatt" zum „Bluff des Jahres", und die Münchener „Abendzeitung" feixte: „Die Massen-heilung war nichts als ein Flop."

„Ich bin enttäuscht, das war nur autogenes Training", meinte ein Rentner zu einem Reporter. „Ich gehe mit meinen Hüftschmerzen nun doch zum Facharzt."[3] Auch Harald J. und Volker L., den beiden jungen Männern mit den Unfallfolgen, geht es nach der Heilveranstaltung nicht besser.

Noch Tage später berichten Zeitungen und Illustrierte von der angeblich perfekten Pleite und verurteilen den Großversuch im Fernsehen als „dummdreist". Hier sei „mit den Ängsten und Hoffnungen von Millionen Kran-ken Schindluder getrieben" worden (Nachrichtenmaga-zin „Der Spiegel").

Auch der 1. Vorsitzende der „Deutschen Vereinigung für Geistheilung", Eberhard Ruess, macht den Verant-wortlichen des Heilungs-Spektakels schwere Vorwürfe:

„Aufgrund der Pressemeldungen hatte ich angenommen, daß es sich wirklich um Geistheilung handeln würde. Bei der ZDF-Sendung mußte ich dann entdecken, daß es nichts damit zu tun hatte, sondern mit Autogenem Training. Ich war sehr erschrocken, daß man eine Fernsehsendung benützt, um Menschen landauf, landab in die Situation des Autogenen Trainings zu führen, während der Entdecker, Prof. Johannes Heinrich Schultz, immer davor gewarnt hat, so etwas in einer Massenveranstaltung durchzuführen. Er hat stets darauf bestanden, daß diese Methode nur unter Aufsicht erfahrener Ärzte angewandt werden dürfte, weil dabei möglicherweise Emotionen freigesetzt werden, die der Patient nicht verarbeiten kann.

Deshalb war ich sehr besorgt, ob bei der ‚Probe aufs Exempel‘ nicht möglicherweise seelische Schäden bei Menschen aufbrechen könnten, die sich auf diese Übung einließen."[4]

Über diese möglichen Schäden hatte der Moderator der Sendung, ZDF-Kultur-Chef Karl Schnelting, kein Wort verloren. Ganz im Gegenteil: Kurz vor dem Experiment hatte er noch einmal beteuert, daß diese „reine Entspannungsmeditation" ganz und gar harmlos sei.

War wirklich alles so harmlos?

Ganz anderer Meinung ist der Heidelberger Psychotherapeut Jörg Bopp, der auch kritischer Autor von Büchern über modische Tendenzen in der Psycho-Szene ist:

„In der Live-Sendung mit 2000 Menschen ist im Saal eine Massensuggestion erzeugt worden. Massensuggestion ist ein riskantes und therapeutisch fahrlässiges Spiel, weil Kritikfähigkeit und Selbstkontrolle herabgesetzt werden. An dem Einzelschicksal gehen solche Spektakel mit einem Guru vorbei. Wo unrealistische Hoffnungen geweckt werden, ist die Enttäuschung später umso größer. Was heißt ‚gesund durch Energie' oder ‚Selbstheilung im gemeinsamen Kraftfeld?'"[5]

Der Psychotherapeut spricht mit seiner Frage „Was heißt ‚gesund durch Energie'?" einen Punkt an, der Millionen Menschen nicht von Bedeutung schien. Scheinbar niemand interessierte sich dafür, wohin er eigentlich geführt wurde bei diesem Aufstieg vom Tagesbewußtsein in das höhere Bewußtsein mit plötzlichem Anschluß an ein höchstes Bewußtsein.

Was ist das für ein Bewußtsein? Was ist das für ein Kraftfeld, an das unvermittelt alle Teilnehmer per „Lichtstrahl" angeschlossen wurden? Was waren das für Gedankenenergien, die Herr Wallimann über das Kraftfeld an alle Teilnehmer schickte?

Fragen, die anscheinend niemand für wichtig hielt. Auch vermißte keiner der Betroffenen eine Gebrauchsinformation, die für jede Medikamentenpackung Vorschrift ist: Anwendungsgebiete, Gegenanzeigen, Nebenwirkungen, Wechselwirkungen, Dosierungsanleitung usw. – lebenswichtige Informationen, die in Hannover wohl uninteressant waren.

Noch vertrauensseliger zeigten sich die an Geistheilung Interessierten bei der Billigung des Heiler-Ehepaars aus der Schweiz. Nur wenige werden gewußt haben, womit sich die Wallimanns in Wirklichkeit beschäftigen.

Rund 60 Kilometer südlich von Luzern, in einem Landhaus hoch am Berg, gehen sie einer Betätigung nach, die so alt ist wie die Menschheit selbst: dem Geisterkontakt. Zweimal täglich betritt Freddy Wallimann sein mit dunkelblauem Veloursstoff ausgeschlagenes Okkultum, einen Raum für okkulte Handlungen. Mit Hilfe von Photos versucht er, bei seinen oft Tausende von Kilometern entfernten Klienten Krankheiten zu lindern oder zu heilen.

Die „guten" Helfer aus dem Totenreich

Auf Frau Wallimanns Visitenkarte steht „Mediale Lebens-
beratung – Hellseherin". Schon als Kind fiel sie dadurch
auf, daß sie den Tod ihres Großvaters voraussah. Sie habe
Kontakt mit der geistigen Welt, dem Jenseits. Von dort bekomme sie Informationen. Es seien Helfer aus dem „guten Jenseits".

Wenn die Hellseherin mit dem Unsichtbaren verkehrt,
befindet sie sich in einem tranceähnlichen Zustand mit
wachem Bewußtsein. Sie versucht dabei, über die unsichtbare Welt Schwingungen aufzunehmen, um zunächst
die Seelenstruktur ihrer Kundschaft kennenzulernen.
Diese Schwingungen sollen Energien aus Gedanken und
Gefühlen sein, die in der unsichtbaren Welt, beispielsweise von Verstorbenen, empfangen werden. Von dort,
aus dem Totenreich, erhält sie dann auch Botschaften, die
sie an ihre Kunden weitergibt.

Um mit der jenseitigen Welt in Kontakt zu geraten,
empfiehlt sie als ersten Schritt Entspannungsübungen
und Meditation. Und genau dieser erste Schritt in Richtung „Welt der Geister" wurde am 9. Oktober 1986 im
großen Stil eingeübt.

Training für den Jenseitskontakt

In Millionen von Wohnstuben wurde ein Trainingspro-
gramm übertragen, das bei den Zuschauern mediale An-
lagen aktivieren, also offene Kanäle zum Übersinnlichen
herstellen sollte.

Das alles ist nicht neu: Schon seit Jahren gibt es Kurse
in der Bundesrepublik, in denen Interessierte zu „Medien" ausgebildet werden. Alljährlich zur Sommerzeit besucht ein Heilerehepaar aus Brasilien die Bundesrepublik, um in Spezialkursen interessierte Ärzte, Therapeu-

ten und Laien über die in Brasilien gebräuchlichsten Heilweisen zu informieren und sie darin auszubilden. In ihren Kursen versuchen Carmen und Jarbas Marinho, die medialen Fähigkeiten der Teilnehmer wie Gedankenübertragung, Hellsehen, automatisches Schreiben und den Umgang mit Geistern zu ermitteln und zu trainieren.

Was wird nun in den Spezial-Seminaren eingeübt? Übungsleiter Jarbas Marinho erläutert:

„Bei der Entwicklung medialer Kräfte gehen wir von folgenden Annahmen aus:

1. Der Geist manifestiert sich im Menschen als individuelles Bewußtsein, das den physischen Tod überlebt und seine Individualität bewahrt; nach Unterbrechungen von unterschiedlicher Dauer kehrt er in einen physischen Körper zurück (er reinkarniert sich); unter bestimmten Voraussetzungen kann er sich aus der jenseitigen Welt über Medien den Diesseitigen mitteilen.

2. Jeder Mensch besitzt mehr oder minder ausgeprägt mediale Fähigkeiten, die allerdings der Entwicklung bedürfen."[6]

Um diese medialen Fähigkeiten zu trainieren, empfehlen die Top-Okkultisten aus Sao Paulo eine spezielle Grundausbildung, die von ihnen selbst als Ritual bezeichnet wird:

„Jede Sitzung beginnt mit einer Lichtmeditation, einem Gebet und mit der energetischen Aufladung der Teilnehmer, und so endet sie auch wieder, nur daß an die Stelle der ‚Aufladung‘ die ‚energetische Reinigung‘ tritt. Als wirkungsvoller Schutz gegen gewisse Gefahren, die jede starke mediale Begabung mit sich bringt, gelten die Visualisierung und Meditation des göttlichen Lichts, ein positives Denken, der generelle Verzicht auf Bewertungen, sowie die verständnis- und liebevolle Zuwendung zu sich

selbst und zu anderen. Unerläßliche weitere Voraussetzung für mediale Arbeit ist das Leerwerden des Geistes."[7]

Zu Beginn jeder Übung müssen sich alle Teilnehmer entspannen, die Augen schließen, alle Probleme fallen lassen
und innerlich ruhig und leer werden. Dann beginnt eine
Fünfphasenmethode, um mit sogenannten „Entitäten"
(Geistern) Kontakt aufzunehmen.

In der vorletzten Stufe fahren dann die Geister in die
Körper der „Jenseits-Lehrlinge" ein, die dann versuchen
sollen, sich mit den fremdartigen Geistwesen zu verständigen.

Bei dem ZDF-Experiment konnte natürlich „diese
hohe Schule" des Geisterkontakts wegen der gefährlichen Risiken für die seelische Gesundheit der Teilnehmer
nicht durchexerziert werden. Deshalb begnügte man sich
mit der Vorbereitungsphase: der Entspannung, der energetischen Aufladung und Reinigung und einer Lichtmeditation.

Die deutlichen Parallelen zwischen der Technik des bra-
silianischen Heilerehepaars und der der beiden Wallimanns zeigen aber, zu welcher Welt sich Millionen von
Menschen wirklich aufgemacht haben: zur Welt der Geister!

Natürlich wurde das in Hannover und in Millionen von
Wohnstuben mit keinem Wort erwähnt. Auch nicht die
Tatsache, daß mit der Aktivierung des „inneren Arztes"
noch etwas ganz anderes verkauft wurde. Denn wie schon
vor Jahrtausenden, zeigte sich auch beim ZDF-Experiment wieder eine enge Verknüpfung zwischen Religion
und Medizin.

Ganz selbstverständlich sorgte Frau Wallimann zu Anfang ihrer Meditation für einen gründlichen Seelenputz.
Ohne Widerspruch wurde der aus östlichen Religionen
bekannte Weg der Selbsterlösung eingeschlagen: Alles
Belastende, alle Sorgen, Ängste und Unsicherheiten soll-

ten in die Magengegend fließen, um von dort in den Kosmos abgelassen zu werden.

Vokabeln aus einer „neuen" Religion

Diese Vorstellungen sind nicht im Kopf von Frau Wallimann oder in denen der ZDF-Verantwortlichen entstanden, ebensowenig wie die Begriffe „höchstes Bewußtsein", „Schöpferkraft" oder „reinstes Licht". Sie kommen aus östlichen Philosophien und gehören jetzt zu einer Religion, die weltweit in einem atemberaubenden Tempo wächst. Es ist eine Religion, in der der einzig wahre Gott und der Weg zu ihm über seinen einzigen Sohn Jesus Christus gar keine Rolle mehr spielen, weil sie geschickt ausgeschaltet werden. Dazu dient ein Mehrpunkte-Programm mit folgenden Aussagen:

▷ Gott wird als universale Kraft angenommen, als „höchste Form des Bewußtseins" oder eben als die „alles durchdringende Schöpferkraft".
▷ Alle Menschen tragen diese göttliche Kraft in sich.
▷ Erlösung ist ein Zustand des Einsseins mit dem „höchsten Bewußtsein", ein Sich-Öffnen der alles durchfließenden Schöpferkraft. Eine solche Erlösung ist durch verschiedene Rituale und Techniken selbst zu erarbeiten.
▷ Das Böse ist der Zustand des Nicht-erleuchtet-Seins.

In dieser Religion zeigt sich ganz klar der Weg der Selbsterlösung, der beim ZDF-Experiment nicht ohne Grund wie von selbst mit einfloß. Denn hinter dem „höchsten Bewußtsein" steckt jemand, der ganz gezielt Sorgen und Nöte über die Magengegend in den Kosmos befördern möchte.

Er ist darauf aus, die Wahrheit zu verstellen, die in diesem Fall in 1. Petrus 5, Vers 7, zu finden ist: „Alle eure Sorgen werft auf ihn [Gott]; denn er sorgt für euch."

Selbstverständlich gehört zu dieser neuen Religion, die sich anschickt, zu einer den Globus umfassenden Weltreligion aufzusteigen, eine unsichtbare Dimension mit Jenseitswesen.

Ebensowenig ist es Zufall, daß gerade eine Schamanin erste Ideen-Bausteine für diese Weltreligion zusammenstellte. Die Russin heilte nicht nur mit Kräften aus dem Jenseits, sondern bekam von dort wichtige Tips, wie die neue Religion auszusehen habe. Mit ihrer Theosophischen Gesellschaft und deren zahlreichen Ablegern verhalf Madame Blavatsky einer religiösen Vorstellung zum Durchbruch, die zur Zeit im Eiltempo aufblüht: Der einzelne ist nicht mehr fest eingebunden in eine ganz bestimmte religiöse Tradition. Er hat die Freiheit, die verschiedensten Systeme zu studieren und nebeneinander stehen zu lassen. Die einzelnen Religionen sind nicht die Wahrheit selbst, aber sie sind Versuche, die eine Wahrheit zu begreifen. Daraus folgt für die russische Schamanin:

„Es bedarf der richtigen Wahrnehmung der objektiven Tatsachen, um zuletzt zu erkennen, daß die einzige wirkliche Welt eine subjektive ist."[8]

Genau diese Vorstellung finden wir im aktuellen New-Age-Denken wieder, das – Anfang der siebziger Jahre von Amerika kommend – sich mehr und mehr in der westlichen Welt ausbreitet. Den Vertretern geht es darum, ein neues Zeitalter (New Age) einzuläuten, in dem sich alte mystische Vorstellungen und Religionen wiederfinden – allerdings mit dem kleinen, aber ganz wesentlichen Unterschied, daß in diesem New Age fast nur Elemente aus fernöstlichen Religionssystemen Platz finden. Jüdische oder christliche fehlen.

Das darf uns nicht verwundern, schließlich stammen

die Leitgedanken dazu aus jener Geisterwelt, die bemüht ist, den einzigen und wahren Weg zu Gott zu vernebeln. Die oftmals jähzornige Madame Blavatsky bekam ihre Informationen auch aus dieser Welt. Es waren angeblich geheimnisvolle tibetanische Weise, die um 1870 herum von dort ihre Mitteilungen durch automatische Schrift an die russische Schamanin weitergaben.

Warum in dieser neuen Religion zentrale jüdische und christliche Glaubensaussagen fehlen, liegt auf der Hand. Die Bibel entlarvt nämlich die Jenseitswelt als etwas ganz anderes, als sie vorgibt zu sein.

Das Weltbild des Neuen Zeitalters

Um das „Neue Zeitalter" besser verstehen zu können, müssen wir uns das mit ihm zusammenhängende Weltbild näher anschauen. Das New Age wird bestimmt von einer recht schillernden Mischung aus Animismus und Spiritismus, gewürzt mit östlicher Lebensphilosophie. Der Animismus geht von der Vorstellung aus, daß alle Dinge beseelt seien, während der Spiritismus ein „Hereinragen einer Geisterwelt" in unsere Sphäre lehrt.

Daraus ergibt sich, daß die Welt und der Kosmos sich nicht in dem erschöpfen, was unseren Sinnen wahrnehmbar ist. Die Welt und das Weltall seien von Intelligenzen und Bewußtsein erfüllt. Sie würden größtenteils über dem Menschen stehen, andere seien dem Menschen brüderlich verwandt, noch andere stünden unter dem Menschen.

Diese Intelligenzen, die auch als eine Kombination von Geist und Seele verstanden werden, durchströmten einzeln die menschlichen, aber auch andere Körper. Den Menschen bewohnten sie vorübergehend, damit sie während ihres irdischen Daseins Erfahrungen sammeln und sich weiterentwickeln könnten. Nach dem abgeschlossenen Lernprozeß verlasse die Geist-Seele den Körper, um in einer anderen Dimension die im irdischen Dasein gesammelten Erfahrungen zu verwerten, sie einzuordnen und sich auf eine weitere Erdenexistenz in einem neuen Körper vorzubereiten; manchen Anhängern zufolge kann dies auch ein tierischer oder pflanzlicher sein.

So enstehe ein Kreislauf, der Reinkarnation (Wiederverkörperung oder Seelenwanderung) genannt wird. Auf dieser stetigen Reise habe die Geist-Seele die Möglichkeit, sich von Erdendasein zu Erdendasein zu verbessern, aber auch zu verschlechtern. Nach dieser Vorstellung wird die Art der Wiederverkörperung eines Menschen bestimmt durch die Taten in seinem vorhergehenden Leben. Gute Werke schaffen glückliche Verhältnisse in einer zukünftigen Existenz, böse Aktivitäten bestimmen eine schlechte Wiederverkörperung. Dieses Gesetz wirkt automatisch und wird als „Karma" bezeichnet.

Nach dem Karma-Denken hat also jeder Mensch die Möglichkeit, durch gute Taten seine Geist-Seele eine Stufe höher auf der Karma-Leiter zu setzen. Er hat es somit in der Hand, wie glücklich oder katastrophal seine nächste Existenz sein wird.

Interessant ist, daß die Wiederverkörperungs-Idee genau aus der Welt zu stammen scheint, die wir nun schon seit einigen Buchseiten im Visier haben. Und die Spuren führen uns wieder zu jener Gruppe von Menschen, der wir schon mehrmals begegnet sind: den Schamanen.

Das vorhandene Quellenmaterial deutet darauf hin, daß die Seelenwanderungsidee aus dem sibirischen Schamanismus stammt.[9]

Von dort gelangte sie vermutlich in der bis ins 6. vorchristliche Jahrhundert reichenden Kolonialzeit nach Griechenland und dann in die westliche Welt.

Die Wiederverkörperung,
eine Täuschung aus dem Jenseits?

Heute meint jeder dritte Amerikaner und jeder fünfte Deutsche, er habe schon einmal gelebt. James-Bond-Held Sean Connery: „Ich war Komponist zu Beethovens Zeiten."[10] Ein Münchener Polizeibeamter will während der Französischen Revolution gelebt haben und geköpft worden sein, und die berühmte Schauspielerin Liz Taylor gibt vor, auch in einem früheren Leben nicht irgendwer gewesen zu sein: Sie sei die Königin von Saba gewesen und somit eine von 1000 Geliebten des legendären Königs Salomo. Abgesehen davon, daß es keinen biblischen Hinweis auf eine Beziehung des Königs Salomo mit der „zukünftigen Mrs. Taylor" gibt – der Seelenwanderungsglaube steht auch in absolutem Widerspruch zu biblischen Aussagen.

Nach dem Hebräerbrief, Kapitel 9, Vers 27, wissen wir, daß „es den Menschen gesetzt ist, einmal zu sterben, danach das Gericht ..." In dieser Textstelle wird ganz klar zum Ausdruck gebracht, daß nach dem Tod ein Gericht stattfindet, eine Beurteilung des verflossenen Erdendaseins und eine Entscheidung Gottes darüber. Von einer oder mehreren Chancen, seine Erdensünden nach dem Karma-Prinzip zu tilgen, spricht die Bibel an keiner Stelle. Statt dessen macht sie unmißverständlich deutlich, daß auf jeden Menschen, der sich Gott nicht zuwenden will, die ewige Verdammnis wartet.

Der Wiederverkörperungsglaube ist nicht ohne Grund eine der tragenden Säulen der neuen Religion, die zur Zeit noch als New Age, Neues Zeitalter oder Wassermannzeitalter bezeichnet wird. Hier geht es darum, mit der Wiedergeburtslüge Menschen in die Irre zu leiten, damit sie die wahren Informationen nicht erfahren. Auf der Grundlage dieser Lüge aus dem jenseitigen Lügenreich des Teufels entsteht ein neues Lügensystem, das raffiniert

Millionen von Menschen auf einen lebensgefährlichen Weg lockt.

Es ist der Spiritismus, den es in verschiedenen, recht schillernden Formen gibt. Wie der Wiederverkörperungsglaube, so ist auch er eine tragende Säule in der neuen Religion, die als Weltreligion bereits angepriesen wird. Die Spiritisten glauben an eine Jenseitswelt, die beseelt ist von unterschiedlichen Wesenheiten, meist Geistern von Verstorbenen. Von dort erwarten sie Ratschläge und Unterstützung, um die Probleme im Diesseits bewältigen zu können.

Diese Hilfe wird ihnen auf dem Weg des „Jenseitsverkehrs" durch Medien zuteil. Medien sind Menschen mit „besonders guten Drähten" zu dieser Welt. Sie stellen den Geistern ihren Körper mit all seinen Funktionen zur Verfügung, damit sie im Diesseits wirken können.

Franz Anton Mesmer und der „westliche Spiritismus"

Eine der Wurzeln des „westlichen Spiritismus" ist in Frankreich Ende des 18. Jahrhunderts zu finden. Damals versuchte der deutsche Arzt Franz Anton Mesmer (1734-1815), seine Patienten durch den „animalischen Magnetismus" zu heilen. Er glaubte, daß ein Gesundungsprozeß durch Übertragung von Energien vom Magnetiseur auf den Kranken eingeleitet werden könne.

Er versetzte seine Patienten durch Musik auf seiner selbsterfundenen Glasharmonika in eine Art hypnotischen Schlaf und berührte sie dann, um seine Kräfte zu übertragen. Im Zusammenhang mit diesen tranceähnlichen Schlafzuständen kam es häufig zu übersinnlichen Phänomenen, die besonders bei Mesmers Schülern auf großes Interesse stießen. Sie experimentierten weiter und beschäftigten sich mit telepathischen und visionären Erlebnissen im Zustand der Entrückung sowie mit einigen

Fällen von Besessenheit. Durch das Pariser Medium Mademoiselle Celina Bequet wurden sie dann mit einer Geisterwelt konfrontiert, aus der sich verstorbene Ärzte meldeten, unter anderem auch ihr früherer Lehrmeister: Franz Anton Mesmer. Er gab aus dem Jenseits medizinische Diagnosen und therapeutische Anordnungen.

Durch das Pariser Medium erfuhren die Interessierten noch mehr, da Mademoiselle auch des automatischen Schreibens mächtig war. Der Inhalt dieser Geister-Mitteilungen war philosophisch-religiöser Art und hatte ein Lieblingsthema: die Seelenwanderung.

Im Jahre 1856 wurde in diesen kleinen Spiritistenzirkel ein gewisser Hippolyte Denizard Rivail eingeführt. Schon bald hielt er selbst spiritistische Sitzungen ab und versuchte, die Mitteilungen aus der Geisterwelt zu einem System zusammenzufassen. Er veröffentlichte das Ergebnis 1857 in seiner Schrift „Livre des Esprits" unter dem Pseudonym Allan Kardec, da er sich für die Wiederverkörperung eines gallischen Druiden dieses Namens hielt. Mit seinen weiteren Schriften breitete sich die spiritistische Lehre und Praxis sehr rasch in Europa und auch in der Neuen Welt aus.

Besonders in Brasilien stießen die Pariser Geistermitteilungen auf großes Interesse, da sich die Menschen dort mit einer spiritistischen Tradition eines Geister- und Ahnenkultes indianisch-afrikanischer Herkunft intensiv verbunden fühlten. In Verbindung mit der kardecistischen Richtung entwickelte sich der Spiritismus dort zu einer Nationalreligion, dem Umbanda-Kult. In Anerkennung der „Verdienste" Kardecs gab das Land anläßlich des 100. Todestages 1967 sogar eine Briefmarke mit Kardecs Porträt heraus.

Doch nicht nur in Brasilien entwickelte sich der Geisterglaube zu einer regelrechten Kirche, auch in anderen Teilen der Welt entstanden spiritistische Glaubensgemeinschaften, wie beispielsweise auf den Philippinen.

Nun darf man aber nicht annehmen, daß der Geisterglaube nur in speziellen Spiritisten-Vereinigungen ge-
pflegt wird. Wir finden ihn in den Naturreligionen Afrikas
oder Australiens genauso wie im Buddhismus oder Hinduismus. Zur Zeit steht er im Begriff, unter verschiedensten Deckmäntelchen eine der letzten großen Bastionen
zu erobern: das christliche Abendland.

Eines dieser Deckmäntelchen ist die Geistheilung!

Womit heilen die Geistheiler?

Werden Geistheilungsphänomene etwas präziser durchleuchtet, so ist eines fast immer festzustellen: hier geschieht nichts ohne die Welt der Geister. Und diejenigen, die mit Unterstützung dieser Welt heilen, sind nichts anderes als Schamanen. Sie sind Vertreter eines Heilertyps, den es schon zu Anfang der Menschheit gab und der damals auf dieselbe Weise heilte wie „moderne" Kollegen heute.

Damals wie heute ist der Schamane nicht nur Gesundmacher, sondern Prediger ganz bestimmter Glaubensvorstellungen. So werden wir jetzt bei der Betrachtung einiger Geistheiler immer wieder auf dieselben Glaubensinhalte stoßen. Wir werden erkennen, daß die Laufbahn eines Schamanen sich überall auf der Welt gleicht, und dabei auf Zusammenhänge stoßen, zu denen Gottes Wort Wichtiges mitzuteilen hat.

Zunächst begeben wir uns in die Hochburg des Spiritismus: nach Brasilien. Dort wollen wir eine Heilerpersönlichkeit unter die Lupe nehmen, die wir schon zu Anfang dieses Buches kurz vorgestellt haben: den Frauenarzt und Internisten Dr. Edson Queiroz.

Edson Cavalcante des Queiroz wuchs im Schoß einer mittelständischen Familie auf, die der Lehre von Allan Kardec zugetan war. Mit vier Jahren besuchte er schon den Unterricht in „christlicher Morallehre" des spiritistischen Zentrums „Djalma Farias" . Danach trat er der Jugendbewegung der Spiritistischen Vereinigung von Pernambuco bei, bei der er heute noch in einer Forschungsgruppe tätig ist.

„Mit dem Mediumismus wurde er schon in früher Kindheit konfrontiert, denn als er zum Beispiel Weinkrämpfe bekam, wurden diese durch die Auraheilung mittels der Hände beigelegt. Noch als Junge sah er in Spiegeln und in Fenstern menschliche Erscheinungen, die wie Indianer aussahen. Oft wachte er im Morgengrauen auf und fing an zu sprechen, als ob er sich mit unsichtbaren Wesen unterhielte.
Mit zwölf Jahren hatte er eine Vision, die ihn sehr erschütterte. Ungefähr zur gleichen Zeit wurde er Zeuge eines Verkehrsunfalls, bei welchem ein Mensch ums Leben kam. Dieses Erlebnis, das sich in seinem Gedächnis festsetzte, hatte für ihn traumatische Folgen. Er wurde von anhaltenden Kopfschmerzen heimgesucht, gegen die weder schmerzstillende Mittel noch Fluidaltherapie etwas auszurichten vermochten. Er wurde zu einer mediumistischen Sitzung gebracht, wo er zum erstenmal in Trance fiel und der Geist des bei dem Unfall Verstorbenen durch ihn sprach. Daraufhin wollte sein Vater die Medialität seines Sohnes fördern, stieß aber auf Schwierigkeiten, da die spiritistische Organisation Minderjährigen die Teilnahme an mediumistischen Sitzungen nicht erlaubte. Nur eine kleine Gruppe nahm ihn auf, in der Edson von seinem dreizehnten bis zu seinem achtzehnten Lebensjahr seine paranormalen Fähigkeiten entwickelte und zu kontrollieren lernte, dank derer er sich einen angenehmen Frieden bewahrte. In dieser Zeit erhielt er Mitteilungen von unterschiedlichen Geistwesenheiten, die heute die Arbeit des Dr. Fritz unterstützen. Unter diesen befinden sich unter anderen die beiden Orientalen Rama-Chain und Swastra,

weiterhin ein spanischer Krankenpfleger, ein brasiliani-
scher Priester und ein Indianer.

1979, als Edson mit der spiritistischen Vereinigung von
Pernambuco und einigen Medien des Hauses schon eng
zusammenarbeitete, teilten Geister in einer Sitzung mit,
daß bald ein neuer Arbeitsbereich speziell zum Zweck für
Heilungen gegründet werden würde. Edson hatte zu dieser Zeit Träume, in denen er Dr. Fritz sah und mit ihm
sprach. Mal bekam er Instruktionen, mal wurde er als Medium bei physikalischen Demonstrationen gelenkt, mal
wurden an seinem physischen und astralen Körper kleine,
extreme sensible Vorrichtungen und Apparate angebracht
mit dem Ziel, eine beständige Abstimmung mit der Hel-
fergruppe aus dem Jenseits herzustellen."[1]

1980 operierte Dr. Edson Queiroz mit Hilfe des Totengei-
stes von Dr. Fritz ein Vorstandsmitglied der Spiritistischen
Vereinigung von Pernambuco. Jener Mann war sofort
von seinen Beschwerden befreit.

Der Geisterarzt aus Brasilien, der auch Rezepte aus
dem Jenseits empfängt, durch Handauflegungen heilt
und Geisteraustreibungen vornimmt, behandelte bis
Ende 1982 über 13 000 Kranke. Alle Heilungen ereignen
sich in einem Trance-Zustand, in dem sich die Gesichts-
züge und die Stimme von Dr. Queiroz total verändern.

Der Körper des Mediziners wird jetzt von Geistern benutzt, um durch ihn zu wirken. Die behandelten Patienten haben nun direkten Anschluß ans Jenseits und lassen
sich von dort behandeln. Queiroz beschreibt seine tiefe
Ohnmacht als einen Zustand, in dem er sich stark wie ein
Riese fühle. Er könne auch seine Freunde aus dem Paral-
leluniversum deutlich erkennen. Bei Fernbehandlungen,
die er aufgrund von zugeschickten Briefen und Fotos
durchführt, gelingt es ihm, über die Geisterwelt dem oftmals Hunderte von Kilometern entfernt wohnenden
Kranken zu helfen. Daß Fernbehandlungen nur auf die-

sem „Geister-Wege" wirklich möglich sind, bestätigen auch andere Geistheiler.

Wie viele schamanistische Heiler stammt Queiroz aus einer Familie, in der Jenseitskontakte Tradition hatten. Schon sein Großvater war ein bedeutender Heiler, der pro Woche 20 Personen durch Geisterkraft von Krankheiten befreite. Edsons Vater war ein bedeutender Spiritist, der der kardecschen Spiritistenbewegung viele Dienste erwies. Er galt als geschätztes Medium, das sich zur Aufgabe gemacht hatte, Mitteilungen aus dem Jenseits auf Tonband aufzunehmen.

Diese Beobachtung, daß mediale Fähigkeiten in einer Familie anscheinend von Generation zu Generation weitergegeben werden, haben wir schon bei den Schamanen Rußlands gemacht. Sie wird uns noch in anderen Geistheilerfamilien begegnen und ist ein entscheidender Hinweis zur Beurteilung der Heilphänomene.

Dr. Edson Queiroz, der inzwischen weit über 20 000 Patienten behandelt hat, ist durch seine Tätigkeit nicht zum Millionär geworden. Kostenlos gibt er das weiter, was er auch kostenlos empfangen hat. Seine Mitarbeiter beteuern, daß all seine Aktivitäten von höchster christlicher Verantwortung getragen seien. Seine Arbeit in der Spiritistischen Vereinigung Pernambucos scheint von Nächstenliebe und einem wirklichen Wunsch zu helfen getragen.

Ein Baptisten-Pastor
nimmt an einer Geister-Heilung teil

Die innere Haltung von Queiroz wird von einem baptistischen Prediger, der 1981 an einer Heilsitzung mit Dr. Queiroz teilnahm, bestätigt. In einem Radiobeitrag für das Programm „Die Stimme des Glaubens" meinte Pastor Joao Tenorio Moura:

„Sehr geehrter Radiohörer!
‚Denn gegen die Wahrheit vermögen wir nichts.' Viele Leute haben sich darüber gewundert, daß ich diese Woche in das spiritistische Zentrum ‚Gott, Liebe und Nächstenliebe' gegangen war, nachdem mich ein Freund dazu eingeladen hatte, dort einer eigenartigen Arbeit beizuwohnen, die eine Gruppe der Spiritistischen Vereinigung Pernambucos ausführte. Es handelt sich genau gesagt um ein Medium, das auch ein Arzt ist, und das Kranke, wie man mir sagte, unter Weisung des verstorbenen und weltweit bekannten deutschen Arztes Dr. Fritz behandeln und operieren sollte.

Ich hatte das Privileg, an einer solchen Operation teilnehmen zu dürfen. Als wir den Raum betraten, lag dort bereits eine Dame auf dem Operationstisch. Ein Arzt erklärte mir und den drei anderen geladenen Gästen die Krankheit der Patientin. Es handelte sich um eine Wucherung in den Augenlidern. Das Medium führte in eine Seite des Auges eine Nadel ein … [im weiteren wird die Operation beschrieben], und fertig war die Operation. Sie hatte nicht einmal fünf Minuten gedauert.

Das Medium, dem außer einem langsamen und regelmäßigen Augenzwinkern nichts anzumerken war, entließ uns aus dem Operationsraum. Wir verließen den Ort und waren zutiefst beeindruckt von dem, was wir gesehen hatten. Es handelte sich wahrhaftig um etwas Übernatürliches, keiner von uns hatte je etwas Vergleichbares gesehen.

Wir erfuhren, daß an diesem Tag 52 Operationen und über 100 weitere Behandlungen durchgeführt worden waren. Alles war unentgeltlich. Wir beobachteten hier Leute aus der Oberklasse, die den Boden kehrten oder andere Aufräumungsarbeiten durchführten, und alle (alle!) beteiligten sich an diesem Werk. Es gab einige, die beteten und über die spiritistische Lehre sprachen, während sie den Kranken Beistand leisteten, die hier geduldig darauf warteten, daß sie an die Reihe kamen.

Für uns war das eine wunderbare Erfahrung. Wir waren dort nicht als Spione hingekommen, sondern um zu sehen, was dort wirklich passierte, um dann aus Erfahrung davon berichten zu können. Es gab keine faulen Tricks, denn alles wurde bei unserer gespannten Aufmerksamkeit ausgeführt, und wir konnten die Echtheit bezeugen. Keinen einzigen Moment lang fühlten wir uns in unserem Glauben oder unserer Religionsauffassung verletzt. Ich bin gläubig, ein baptistischer Pastor, und hier widersprach nichts meinem Glauben, im Gegenteil, das Verständnis, das ich hier vorfand, animierte mich geradezu, in meinem Glauben noch weiter zu gehen …'"[2]

Pastor Moura gibt hier eine Beobachtung wieder, die auch andere bei der Begegnung mit Geistheilern machten. So schreibt Walter Nitsche in einem Artikel über Geistheiler: „Ich habe sehr nette, sehr sozial eingestellte Menschen darunter getroffen. Ihre Anteilnahme an ihren Mitmenschen ist oft enorm."[3]

Bei aller Barmherzigkeit und Nächstenliebe, die der baptistische Pastor bei den Spiritisten vorfand, hätte ihn doch die Art und Weise, wie dort geheilt wurde, stutzig machen müssen, ebenso die zentralen Glaubensbotschaften, die durch diese Heilphänomene sehr eindrucksvoll an den Mann gebracht werden. Ein Mitarbeiter des Wunderchirurgen erläutert es unmißverständlich:

„Es versteht sich von selbst, daß alle diese Taten beabsichtigen, die Menschen auf die große Wahrheit des spirituellen Lebens aufmerksam zu machen. Wie schon andere Phänomene überall in der Welt sollen auch sie den Beweis liefern, daß die sogenannten ‚Toten' sehr lebendig sind und ständig auf die Menschen einwirken. Hin und wieder werden diese Einwirkungen von uns wahrgenommen, meistens aber nicht. Jedoch befinden sie sich alle im Einklang mit dem Gesetz von Ursache und Wirkung."[4]

Diese „große Wahrheit des spirituellen Lebens" ist der eigentliche Punkt, um den sich alles andere dreht – ein Stichwort, das auch bei der neuen New-Age-Religion immer wieder fällt. Es bedeutet das Ausbrechen aus den Begrenzungen unseres Daseins und das Eindringen mittels des Geistes in andere Welten. Und diese andere Dimension ist die Welt der Geister.

Sind die hilfreichen Totengeister wirklich verstorbene Menschen?

Der Baptisten-Pastor hätte eigentlich wissen müssen, daß die Bibel diesen spirituellen Weg kennt und ihn strikt verbietet. Unmißverständlich sagt Gott seinem Volk Israel (und dies gilt für alle Menschen):

„Es soll sich niemand in deiner Mitte finden, der seinen Sohn oder seine Tochter durchs Feuer gehen läßt oder Wahrsagerei, Hellseherei, geheime Künste oder Zauberei betreibt oder Bannungen oder Geisterbeschwörungen oder Zeichendeuterei vornimmt oder die Toten befragt. Denn wer das tut, der ist dem HERRN ein Greuel ..." (5. Mose 18,10-12).

Gott teilt auch mit, warum wir uns nicht an diese Welt der Geister wenden sollen. Sehr interessant ist dabei der Zusammenhang zwischen übersinnlichen Phänomenen und dem „spirituellen Weg". In Jesaja 8, Vers 19, heißt es:

„Wenn sie zu euch sprechen werden: Befragt die Totenbeschwörer und die Wahrsager, die da flüstern und murmeln, so sprecht: Soll nicht ein Volk seinen Gott befragen? Soll es für die Lebenden die Toten befragen?"

Die Bibel kennt also die Existenz des echten Spiritismus, verurteilt und verbietet ihn allerdings gleichzeitig aufs schärfste. Das hat noch einen anderen Grund:

„Wendet euch nicht an die Totengeister und an die Wahrsagegeister; sucht sie nicht auf, damit ihr nicht durch sie verunreinigt werdet" (3. Mose 19,31).

Eines wird hier klar gesagt: Die Verunreinigung entsteht durch eine Verbindung mit der Jenseitswelt. Gott würde diesen Kontakt sicherlich nicht verbieten, handelte es sich dabei um jene Dimension, in der er und seine Engel zu Hause sind. Nirgendwo jedoch in der Bibel ist davon die Rede, daß der Geist *eines Verstorbenen* von dem Körper eines Lebenden Besitz ergreifen kann. Sind die hilfreichen Totengeister also wirklich verstorbene Menschen? Oder sind sie getarnte dämonische Wesen, wie einige Spiritisten es selbst eingestehen?

Die Vermutung, sie seien dämonische Geister, ist nicht ganz abwegig, da nach biblischer Auskunft eine Gruppe von Dämonen im Totenreich gefangen ist (Judas 6 u.a.). Möglicherweise melden sie sich, wenn die Toten gerufen werden. Das ist aber eine Vermutung.

Eine deutliche Klarstellung zu dieser Frage gibt uns die Bibel nicht. Das strikte Verbot Gottes, mit den Toten zu verkehren, die Möglichkeit, daß sie in einen menschlichen Körper einfahren können, und letztlich die aus dem Jenseits kommenden Mitteilungen lassen den Schluß zu: die Totengeister gehören zu jener Geisterkaste, deren Mitglieder sich mit ganz unterschiedlichen, raffinierten Verkleidungen zu tarnen wissen.

Ein unreiner Geist spricht

Nur unter ganz bestimmten Umständen zeigen die Geister ihr wahres Gesicht:

„Und sogleich ging er [Jesus] am Sabbat in die Synagoge und lehrte. Und sie erstaunten sehr über seine Lehre, denn er lehrte sie wie einer, der Vollmacht hat, und nicht wie die Schriftgelehrten. Und sogleich war in ihrer Synagoge ein Mensch mit einem unreinen Geist, und er schrie auf und sagte: Was haben wir mit dir zu schaffen, Jesus, Nazarener? Bist du gekommen, uns zu verderben? Ich kenne dich, wer du bist: der Heilige Gottes. Und Jesus bedrohte ihn und sprach: Verstumme und fahre aus von ihm! Und der unreine Geist zerrte ihn und rief mit lauter Stimme und fuhr von ihm aus. Und sie entsetzten sich alle, so daß sie sich untereinander befragten und sagten: Was ist dies? Eine neue Lehre mit Vollmacht? Und den unreinen Geistern gebietet er, und sie gehorchen ihm" (Markus 1,21-27).

Diese Schilderung beinhaltet unter anderem vier äußerst wichtige Informationen::

▷ Es gibt „unreine Geister".
▷ Die „unreinen Geister" stecken in menschlichen Körpern.
▷ Sie scheinen eigenständige Wesenheiten zu sein, die sich mitteilen können. Gegen den Willen der Person rufen sie körperliche Reaktionen hervor.
▷ Sie können den menschlichen Körper auch wieder verlassen.

Geisterstunde im Krankenzimmer

Zu was diese „unreinen Geister" fähig sind, belegt ein Bericht von Prof. Dr. Alfred Brauchle. Der 1965 verstorbene Mediziner galt als anerkannter Fachmann auf dem Gebiet der Naturmedizin. Von ihm stammt auch das vielbeachtete medizinische Standardwerk „Das große Buch der Naturheilkunde".

Als frischgebackener Assistenzarzt behandelte er eine 23jährige Frau, die von einer Lähmung des Rückens und des rechten Beines befallen war. Sie konnte weder den Kopf heben noch sich aufsetzen oder sich aufrecht halten. Zunächst vermuteten die Ärzte einen Gehirntumor und versuchten, ihn herauszuoperieren. Doch die Diagnose stellte sich als falsch heraus, eine Geschwulst war nicht zu finden.

Nach der Operation sah man keine Möglichkeit mehr, der armen jungen Dame zu helfen. Sie wurde als unheilbar entlassen.

Als Dr. Brauchle zum ersten Mal ans Bett der Gelähmten trat, blickte er zunächst auf ein Schild, das über dem Bett der Patientin angebracht war. Mit großen Buchstaben stand da geschrieben: „Du sollst leiden, Du darfst leiden, Du mußt leiden!"

Dem jungen, unerfahrenen Brauchle tat dieses Mädchen so leid, daß er trotz der Hoffnungslosigkeit dieses Falles eine Behandlung versuchte.

Nachdem mehrere Therapien gescheitert waren, startete Brauchle einen letzten Versuch. Er probierte, das Mädchen zu hypnotisieren. Aber auch nachdem er über dreihundert Mal den Weg ins Unterbewußtsein seiner Patientin beschritten hatte, war ihm kein Erfolg beschieden.

„Eines Nachts, um die Mitternachtsstunde, als ich darüber nachsann, was ich tun könnte, kam mir in den Sinn, was die Bibel über die Dämonen berichtet; ich wußte von

Dämonen nichts anderes, als was ich in der Schule gelernt hatte: Mit den Dämonen seien nur böse Kräfte der menschlichen Seele gemeint, die man durch einen Akt des Glaubens überwinden könne.

In dieser Nacht stellte ich mir vor, daß ich einem Dämon gegenüberstehe, einem brutalen seelischen Feind, der sich im Unterbewußtsein der Patientin eingenistet haben mußte. Mit Kommandostimme rief ich den Dämon, den vermutlichen Störenfried in der Seele der Patientin, direkt an und befahl ihm, sich mir zu stellen und auf meine Fragen Antwort zu geben. Wie groß war meine Bestürzung, als sich der Dämon tatsächlich auf meinen Befehl hin stellte; er beklagte sich darüber, daß ich ihm auf die Spur gekommen sei, und erklärte, daß er den Kampf mit mir weiterführen wolle. Er sagte mir, es sei ihm sehr unangenehm gewesen, als ich mit der hypnotischen Behandlung begonnen habe, weil er gleich zu Anfang fürchtete, daß ich ihn aufspüren könne. Was keinem anderen Arzt bisher gelungen sei, habe ich nun endgültig mit meiner hartnäckigen Folgerichtigkeit erreichen können.

Ich fragte den Dämon, ob er es sei, der die Patientin krank gemacht habe und an dem Weiterbestand der Krankheit interessiert sei. Er zögerte keinen Augenblick, diese Frage zu bejahen. Ja, er, der Dämon und Störenfried, er allein habe das junge Mädchen krank gemacht, und er würde unerbittlich um den Bestand der Krankheit kämpfen, ja, er würde sogar nicht ruhen und rasten, bis er die Patientin ermordet habe."[5]

Als der junge Arzt den Dämon fragte, warum er das Mädchen krank gemacht habe und es sogar ermorden wolle, bekam er eine klare Antwort: Er wolle den Vater des Mädchens bestrafen, weil dieser mehrere Male geheiratet und deshalb das Kind vernachlässigt habe.

Brauchle versuchte daraufhin mit allen möglichen moralischen und religiösen Argumenten, den Dämon dazu zu bewegen, das Mädchen in Ruhe zu lassen. Doch vergebens – meistens erntete er nur ein teuflisches Lachen. Doch der junge Arzt gab nicht auf. Schließlich kam er auf die Idee, mit dem Geist eine Vereinbarung zu treffen. Er, der Arzt, wolle das Hypnotisieren beenden, wenn der Dämon das Mädchen in Ruhe lasse. Tatsächlich ging der Geist auf dieses Angebot ein, und Brauchle ließ ihn bei brennender Kerze darauf schwören.

Am nächsten Morgen schien ein Wunder geschehen. Als bei der Visite Ärzte und Schwestern das kleine, abgelegene Zimmer betraten, fanden sie einen völlig veränderten, erlösten, seligen Menschen vor. Die Patientin jauchzte, sprang und tanzte vor den Augen der völlig überwältigten Mediziner.

Doch schon am dritten Tag brach der Dämon seinen Schwur:

„Mit einem höhnischen Gelächter gab er mir zu, daß er seinen Schwur gebrochen habe, weil er es einfach nicht aushalten könne, das Mädchen gesund zu sehen. Er würde auch in Zukunft auf keine ähnliche Absprache mehr eingehen, würde vielmehr seinen Weg zum Mord rücksichtslos fortsetzen."[6]

Und dabei blieb es auch. Brauchle schaffte es nicht, den Dämon zu besiegen. Die Haut der Patientin blieb empfindungslos, und sie litt an Angst und Kopfschmerzen.

Der junge Arzt stieß bei seiner Hypnose auf ein Geistwesen; es gehörte zu einer Geisterklasse, für deren Anführer die Bibel mehrere Namen hat. Zwei davon lauten: Lügner und Mörder. Die Bibel läßt uns nicht darüber im unklaren, daß die Dämonentruppe des Satans auch die Aufgabe hat, Menschen durch Krankheit zu schaden. Sie betont aber gleichzeitig, daß nicht jede Krankheit dämonischen Ursprungs ist. Selbst dann nicht, wenn ein und dasselbe Krankheitsbild vorliegt.

Jesus treibt einen stummen und tauben Geist aus

Im folgenden Fall ist es tatsächlich eines dieser dämonischen Geistwesen, das ein Kind fürchterlich quält. Der Vater bringt es zu Jesus in der Hoffnung auf Heilung:

„Lehrer, ich habe meinen Sohn zu dir gebracht, der einen stummen Geist hat; und wo er ihn auch ergreift, zerrt er ihn zu Boden, und er schäumt und knirscht mit den Zähnen und wird starr. Und ich sagte deinen Jüngern, daß sie ihn austreiben möchten, aber sie konnten es nicht.
Er [Jesus] aber antwortete ihnen und spricht: O ungläubiges Geschlecht! Bis wann soll ich bei euch sein? Bis wann soll ich euch ertragen? Bringt ihn zu mir! Und sie brachten ihn zu ihm. Und als der Geist ihn sah, zerrte er ihn sogleich; und er fiel zur Erde, wälzte sich und schäumte. Und er fragte seinen Vater: Wie lange ist es her, daß ihm dies geschehen ist? Er aber sagte: von Kindheit an; und oft hat er ihn bald ins Feuer, bald ins Wasser geworfen, um ihn umzubringen, aber wenn du etwas kannst, so habe Erbarmen mit uns und hilf uns! Jesus aber sprach zu ihm: „Wenn du das kannst“? Dem Glaubenden ist alles möglich. Sogleich schrie der Vater des Kindes und sagte: Ich glaube. Hilf meinem Unglauben! Als aber Jesus sah, daß eine Volksmenge zusammenläuft, bedrohte er den unreinen Geist und sprach zu ihm: Du stummer und tauber Geist, ich gebiete dir: fahre von ihm aus, und fahre nicht mehr in ihn hinein. Und er schrie und zerrte ihn heftig und fuhr aus; und er wurde wie tot, so daß die meisten sagten: Er ist gestorben. Jesus aber nahm ihn bei der Hand, richtete ihn auf, und er stand auf“ (Markus 9,17-27).

Dieser Bericht belegt unzweifelhaft den Zusammenhang zwischen dämonischen Aktivitäten und Krankheit, die in diesem Fall einer Epilepsie ähnelt. In vielen Schilderungen über das Wirken Jesu wird dieser Bezug deutlich.

Jesus gelingt es immer, die unreinen Geister auszutreiben, die Kranken von ihren Plagen zu erlösen.

Wie auch später die Apostel, heilt Jesus dämonisch verursachte Krankheiten und Krankheiten anderen Ursprungs. Die ersteren werden durch die Austreibung von Dämonen beseitigt, alle anderen durch – wie der Grundtext sagt – Kraftwirkungen, Energien, die von Gott selbst kommen.

Erstaunlich ist, daß wir bei der Untersuchung der heutigen Geistheilungsphänomene verblüffende Parallelen zu biblischen Wahrheiten finden werden. Nicht nur die Erfahrungen von Prof. Brauchle belegen: die Bibel hat wirklich recht.

Schon der Schamanismus aus grauer Vorzeit zeigt, daß viele Ursachen von Krankheiten in der Geisterwelt zu finden sind. Davon sind auch die modernen Schamanen überzeugt, die sich zum Beispiel „Therapeut für Trance und Reinkarnation" nennen oder sich auch schlicht als „Hypnotherapeut" vorstellen.

Ein Facharzt glaubt einem „chinesischen" Geist

Diese Heilkundigen sind nicht etwa Scharlatane, die in düsteren Hinterzimmern arbeiten, sondern seriös ausgebildete Psychologen oder Mediziner mit eleganten Praxen in bester Großstadtlage.

Einer davon ist Dr. Eugene G. Jussek, Facharzt für innere Medizin und Mitglied der amerikanischen und kalifornischen Ärztekammer. Der 1920 in Frankfurt geborene Bankierssohn lebt heute in Kalifornien und machte in der letzten Zeit durch Veröffentlichung einiger spektakulärer Forschungsergebnisse auf sich aufmerksam.

Er arbeitet auf dem Gebiet der Hypnose und der hypnotischen Rückführung. Recht früh erkannte er, daß die Ursachen von Leiden in den tieferen Schichten des menschlichen Bewußtseins zu suchen sind. Genau wie Prof. Brauchle versuchte auch Dr. Jussek, durch Hypnose zu diesen tieferen Schichten in der menschlichen Psyche vorzudringen.

In seinem kürzlich erschienen Buch „Begegnungen mit dem Weisen in uns – Gespräche mit Yan Su Lu" (München 1986) beschreibt er die Hypnose-Behandlung eines Patienten namens Charles Roberts.

Während der Hypnose meldete sich plötzlich ein Jenseitswesen, das sich als geistiger Führer von Roberts vorstellte. Dieser Dämon teilte Jussek mit, daß er in Wirklichkeit ein im 13. Jahrhundert verstorbener chinesischer Weiser namens „Yan Su Lu" sei. Über die Funktion des „geistigen Führers" in der jenseitigen Welt erfuhr der Hypnose-Arzt folgendes:

„Überall im ganzen Universum werden die belebten Dinge von Lehrern begleitet, denn Sie müssen wissen, daß der Vater in seinem allumfassenden Bewußtsein jedem Lebewesen diejenigen zur Seite gestellt hat, die es führen und geleiten ..."[7]

Von diesem geistigen Führer erfuhr Dr. Jussek, wie er seinen Patienten, der an einem blutenden Darmgeschwür litt und Nebenwirkungen einer langen Cortison-Behandlung aufwies, behandeln sollte. Der Mann ließe sich heilen, wenn er in ein früheres Leben zurückversetzt würde. In diesem Leben habe er sich aus Liebeskummer mit Rattengift umgebracht. Jussek tat, wie ihm befohlen. Charles Roberts wurde gesund.

In einem Interview mit der Zeitschrift „esotera" zeigt der kalifornische Arzt einige Hintergründe seiner Therapie auf:

„*esotera:* Wenn ein Hypnotherapeut oder ein Arzt nicht an die Existenz eines solchen geistigen Führers im Menschen glaubt, kann er so also gar nicht arbeiten?

Eugene Jussek: Genau. Ich bin heute allerdings nicht der einzige, der auf diesem Gebiet arbeitet. Die Forschung des Dr. Allison über ‚multiple Persönlichkeit' geht in eine ähnliche Richtung.

esotera: Sie haben sehr viele Jahre Hypnotherapie gemacht, ehe sich bei einem Patienten eine innere Schutzwesenheit meldete. Wie erklären sie sich das?

Eugene Jussek: Es steht in Zusammenhang mit meiner eigenen geistigen Entwicklung und einem einschneidenden, wohl mystischen Erlebnis, das durch den indischen Lehrer Sai Baba ausgelöst wurde.

esotera: Hat die von Ihnen angewandte Trancetechnik nicht in gewisser Weise mit den Praktiken des Spiritismus, mit Mediumismus zu tun? Wie würden Sie sich da abgrenzen?

Eugene Jussek: Für einen Arzt ist diese Frage ein sehr zweischneidiges Schwert. Ich habe viel mit Medien gearbeitet, und ich kann sagen, daß ich dadurch auf das Phänomen der Energieübertragung gekommen bin, das ich bei meinen Patienten anwende.

esotera: Wenn sich nun so ein höheres Wesen oder der ‚Beschützer' meldet, wie stellt man fest, ob dies tatsächlich ein eigenständiges Wesen ist oder es sich nur um einen Persönlichkeitsanteil des Hypnotisierten handelt, um Ausflüsse seines eigenen Bewußtseins?

Eugene Jussek: Das ist schwer zu sagen. Ich möchte hier eigentlich auch keine Differenzierung vornehmen. Ganz persönlich bin ich allerdings überzeugt, daß dieser Helfer, der sich da meldet, eine Entität [Geist] ist. Entscheidend für die Therapie ist, daß der Patient Hilfe bekommt. Ich klammere mich nicht an die Begriffe ‚Reinkarnation' oder ‚Entität'. Wichtig ist das Resultat der Therapie.

esotera: Veränderte sich die Psyche des Patienten bei einem längeren Kontakt mit dem Beschützer?

Eugene Jussek: Ja, unbedingt. Schon während der Sitzung nahm Roberts tatsächlich die Züge eines alten Chi-

110

nesen an. Und insgesamt hat die Therapie viel mehr Ordnung und Ruhe in Roberts' Leben gebracht."[8]

Das Mitglied der amerikanischen Ärztekammer beschreibt hier nichts anderes als ein Heilverfahren nach schamanistischem Muster.

Wie seine Kollegen aus früheren Zeiten erlebte auch Dr. Jussek eine Art Einweihung und heilte erst dann in Zusammenarbeit mit den Geistern. Sie sind es, die Anweisungen erteilen, Tips geben, wie der Kranke gesund zu machen sei. Dabei taucht als zentrales Element der Wiederverkörperungsglaube auf – der lange Marsch der Seele durch verschiedene Existenzen.

Das letzte Warnschild vor dem Tod verschwindet

Jusseks spektakuläre Forschungsergebnisse sind längst nicht so sensationell, wie sie auf den ersten Blick erscheinen mögen. Denn was er macht, ist nichts anderes als eine Totenbefragung.

Der Gott der Bibel weiß, warum er diese Befragung der Toten verbietet. Denn der „chinesische" Geist aus dem 13. Jahrhundert bestätigt eine angebliche Wahrheit, die sich nach der Bibel als absolute Lüge herausstellt. Wie wir schon feststellten, kennt die Bibel die Seelenwanderung nicht und teilt uns unmißverständlich mit, daß mit dem Tode auf dieser Erde alles entschieden ist.

Die wichtige Entscheidung für oder gegen Gott muß in dem einzigen Erdenleben getroffen werden, das der Mensch durchläuft. Nicht umsonst macht uns Gott durch den Psalmisten deutlich, welche folgenschwere Bedeutung der Tod hat: „Lehre uns bedenken, daß wir sterben müssen, auf daß wir klug werden" (Psalm 90, Vers 12).

Dr. Jussek anwortete auf die Frage, was eigentlich das Ziel seines Buches gewesen sei:

„Ich wollte auf eine vielleicht trostspendende, umfassendere Dimension hinweisen, wo insbesondere die Angst vor dem Tod – Kern aller Ängste – überflüssig wird."[9]

Ähnlich wie die weltbekannte Sterbeforscherin Elisabeth Kübler-Ross versucht auch Dr. Jussek, die „allerletzte Warnung" zu entschärfen. Warum dieses Warnschild „Tod" beiseite gestellt werden soll, hat einen ganz bestimmten Grund. Und warum die Informationen dazu aus dem Jenseits kommen, ebenso. Im Römerbrief, Kapitel 6, Vers 23, lesen wir: „Denn der Lohn der Sünde ist der Tod, die Gnadengabe Gottes aber ewiges Leben in Christus Jesus, unserm Herrn."

Hier wird nichts anderes gesagt, als daß der Tod das Ergebnis eines sündigen Menschenlebens ist. Und um diesem ewigen Tod zu entrinnen, gibt es nur den einen Weg über Jesus Christus, der für die Sünden aller Menschen starb. Er ist gekommen, „um alle die zu befreien, die durch Todesfurcht das ganze Leben hindurch der Knechtschaft unterworfen waren" (Hebräer 2,15).

Der Geistführer des philippinischen Wunderheilers

Es ist immer wieder dieselbe Adresse, von der die Falschmeldungen kommen. Und der sie abschickt, hat nur eines im Sinn: den Menschen zu schaden, möglichst bis in alle Ewigkeit hinein.

Auch die Behauptung, es gäbe „gute geistige Führer" gehört dazu. Diese Geistführer sind zumeist Verstorbene, die nun als eine Art Schutzengel über ein Menschenleben wachen. Aber nicht nur das. Von ihnen kommen Informationen über die Zukunft und die Vergangenheit, und mit ihrer Hilfe kann man sogar wahre Heilwunder hervorrufen.

Von solch einem Geistführer wurde auch der philippinische Wunderchirurg Tony Agpaoa geleitet. Er nannte diese Wesenheit, von der er Anweisungen erhielt, wie er zu heilen habe, „Protector".

Bereits in der Kindheit meldete sich dieser „Protector" und teilte ihm mit: „Du wirst Wunden öffnen und schließen!"[10] Immer wieder meldete sich „Protector", besonders während der „Ausbildungszeit" in medialer Chirurgie. Als sich Tony zum ersten Mal an eine komplizierte Tumoroperation wagte und plötzlich starke Blutungen bei der Patientin einsetzten, half ihm sein Geistführer sofort: „Du hast den Körper mit deinen Fingerspitzen geöffnet, versuche ihn zu schließen, indem du mit der Hand darüberstreichst!"[11]

Dshuna und die Stimme aus dem Jenseits

Fast dieselbe Botschaft erhielt Dshuna, die Wunderheilerin aus dem Kaukasus. Als sie in der Tifliser Volksuniversität eine offene Wunde behandeln sollte, hörte sie eine Stimme aus dem Jenseits: „Füge die Naht zusammen, meine Tochter."

Wie ihr philippinischer Kollege strich auch sie immer wieder über die durch einen chirurgischen Eingriff aufgetrennte Bauchdecke. Es dauerte keine zwei Minuten. Vor den Augen der verdutzten Schulmediziner bewegten sich die Wundränder langsam aufeinander zu und verschmolzen zu einer brandig-roten Wulst. Die Stimme aus dem Jenseits war die Stimme ihres Vaters.

Genau wie Dshuna spürte auch der kleine Tony Agpaoa von Kindesbeinen an, daß eine geheimnisvolle Kraft in ihm steckte. Agpaoa war acht oder neun Jahre alt, als er an seinem Spielkameraden Pedro Gonzales die erste Wunderheilung durchführte. Der Freund war beim Spielen auf einen spitzen Gegenstand gefallen und hatte sich in der Leistengegend eine stark blutende Wunde zugezogen. Als Tony die blutverschmierte Haut sah, hörte er eine innere Stimme: „Du wirst Wunden öffnen und schließen!" Anschließend spürte er ein warmes Pulsieren in den Händen:

„Es wurde unangenehm heiß. Langsam legte er seine Hände über Pedros Wunde, und als er sie nach einigen Sekunden zurückzog, hatte sich die tiefe, blutige Wunde geschlossen. Es war nur noch etwas geronnenes Blut zurückgeblieben."[12]

Dshuna war zehn Jahre alt, als bei ihr zum ersten Mal die Wunderkräfte sichtbar wurden. Für einige Bewohner des Dorfes war sofort klar: sie ist eine Hexe!

Schon Dshunas Vorfahren verfügten über diese sonderbaren Kräfte, die in der Geschichte immer wieder Hexen zugeschrieben wurden:

„Die assyrische Vergangenheit hat sich mir durch meine Urgroßmutter erschlossen, die über hundert Jahre alt geworden ist. Wie durch einen Nebel sehe ich sie, wie sie Menschen mit einem Zweig heilt. Sie bewegt den Zweig über dem Kranken und flüstert Worte, die ich nicht verstehen kann … Ihre Tochter, die heute noch lebt, hat die Gabe geerbt, sie heilt Brüche durch Handauflegen."[13]

Vom Vater, der die Zukunft voraussagen konnte, erbt Dshuna die Gabe des Hellsehens. Mit ihm steht sie seit dessen Tod in stetiger Verbindung. Eines Nachts, kurz nach dem Tode des Vaters, findet die Mutter Dshuna draußen auf der Bank sitzend:

„Ich saß eine Weile da, und dann begann ich in fremden Sprachen zu sprechen. Meine Mutter war erschrocken, sie konnte sich das nicht erklären. Erst nach langem Zögern sprach sie mich an. Sie fragte mich, mit wem ich mich unterhielte. Ich antwortete ihr: „Siehst du denn nicht den alten Mann? Das ist unser Vater in einer anderen Gestalt …"

114

Was meine Mutter mir von den Ereignissen in jener Nacht erzählte, löste bei mir grenzenlose Verwunderung aus, denn ich konnte mich an nichts erinnern. Ich wußte nur, daß mein Vater mir jedesmal erschien, wenn ich in Schwierigkeiten steckte. Ich brauchte nur zu rufen: ‚Vater komm!‘, und er war da.

Das ist heute noch so. Manchmal höre ich nur die Stimme meines Vaters, dann erscheint er mir selbst, und wir sprechen miteinander, für andere unhörbar. Oft trägt er ein durchscheinendes, silbern glänzendes Gewand. Wenn ich nicht weiß, wie ich meine Hände während der Therapie halten soll, führt er mir vor, was ich zu tun habe."[14]

Dshuna als Heilerin und Hellseherin

1982 erklärte die sowjetische Wunderheilerin in einem Gespräch mit einem US-Biophysiker:

„Ich vermag in die Zukunft und in die Vergangenheit zu blicken und Menschen zu sehen, die schon tausend Jahre tot sind oder erst noch geboren werden."[15]

Genau wie die Schweizer Hellseherin Silvia Wallimann hat auch Dshuna Zugang zu einer Dimension, von der sie unglaubliche Mitteilungen erhält.

Während der Dreharbeiten zu einem Film, in dem sie die Rolle einer altassyrischen Seherin spielte, demonstrierte sie hinter der Kamera, daß es übersinnliche Phänomene nicht nur im Film gibt. In einer Drehpause besuchte sie mit einigen Schauspielerkollegen den Friedhof der Stadt Samarkand. Plötzlich drehte sie sich einem jungen Darsteller zu und sagte: „Dir droht Unglück, du solltest heute nicht auf diesem Pferd reiten."[16]

Einige Tage später sollte die Abschlußszene des Films gedreht werden, in der der junge Schauspieler auf einem

Pferd vor seinen Verfolgern zu fliehen hatte. Der junge Mann nahm sich Dshunas hellsichtigen Rat zu Herzen und ließ ein Double reiten. Und tatsächlich trat das ein, was Dshuna in einer Vision auf dem Friedhof vorausgesehen hatte. Der Reiter floh in einer schmucken Rüstung vor seinen Verfolgern. Plötzlich stolperte das Pferd und katapultierte das Double aus dem Sattel zu Boden. Zum Glück blieb der Ersatzreiter von ernsthaften Verletzungen verschont; er war ein erfahrener Stuntman.

Geheimnisvolle Gemeinsamkeiten

Wie schon bei den Schamanen aus grauer Vorzeit läßt sich auch bei Dshuna und vielen anderen Heilern rund um den Erdball immer wieder eine eigenartige Kombination der Gabe des Heilens mit der des Hellsehens feststellen.

Neben der ausgeprägten Medialität finden sich noch andere Gemeinsamkeiten. In den meisten Fällen hat die Fähigkeit, mit dem Übersinnlichen zu verkehren, in den Familien der Schamanen eine lange Tradition. Ein weiteres Kennzeichen ist das Erleben eines mystischen Vorgangs zu Anfang der Heiltätigkeit. Dshuna beschreibt ein Erlebnis, das sie im Schlaf gehabt haben will:

„… ich weiß nur noch, daß mein Zimmer auf einmal von hellen Strahlen erfüllt war. Es war kein elektrisches Licht, sondern ein unwirklicher, bläulicher Schein. Die Wände des Raumes wichen zurück und lösten sich in Nichts auf … Eine unbekannte Kraft hob mich vom Bett … In jener Nacht hatte ich das Gefühl, daß ich fliegen könne, eine völlig neue Erfahrung für mich. Nach langem Flug landete ich auf der Spitze eines Berges, die mit hohem, grünem Gras bewachsen war. Eine alte Frau, hager und von kleiner Gestalt, erwartete mich. Sie trug ein dunkles Kopftuch. ‚Ich warte schon lange auf dich‘, sagte sie.

Nach diesen Worten nahm sie mich an die Hand und führte mich durch das Gras, das nach Pfefferminz roch. Plötzlich kamen wir zu einem Jungen, der auf dem Rükken lag. Sein Blick war zum Himmel gerichtet. An seinen Augen sah ich, daß er im Sterben lag ... ‚Du wirst ihn retten‘, fuhr die Alte mit ruhiger Stimme fort. ‚Lege deine rechte Hand auf seine Rippen und denke nach ... Denke darüber nach, wie stark du ihn liebst.‘ Ich gehorchte. Die Liebe nahm Besitz von meinem ganzen Wesen, machte mich mutig und entschlossen. Ich wurde zu dem Lichtstrahl, der für den Sterbenden in diesem Augenblick so wichtig war. Ich berührte ihn mit meiner Hand. Glaube, Hoffnung und Liebe durchströmten mich ... In jener Nacht habe ich mich verändert."[17]

Bei dem deutschen Geistheiler Erich Manke ereignete sich die mystische Berufung ähnlich spektakulär. Der BILD-Zeitung erzählte der ehemalige Bankbeamte, er habe den Heilauftrag von einem Engel erhalten. Dieser hätte plötzlich in einer braunen Mönchskutte vor ihm gestanden und verkündet: „Du kannst heilen. Doch tue es nie gegen Geld oder sonstiges menschliches Gut."[18]
Der Journalistin Anita Höhne beschrieb er seine Berufung zum Heiler allerdings so:

„Ich hatte plötzlich Gedankengänge, deren Ursprung mir völlig unerklärlich war, einen Gedankenstrom über Gott und Christus. Ich war vorher keineswegs besonders religiös, ich hatte auch so gut wie nichts darüber gelesen. Und trotzdem lag auf einmal alles so klar vor mir."[19]

Viele Einweihungserlebnisse der Schamanen weisen kuriose, schillernde Züge auf. Im Überblick läßt sich jedoch feststellen, daß die modernen wie die „antiken" Heiler in der Regel von Geistwesen aus dem Jenseits berufen werden. Oft werden sie als Engelwesen oder als Geister von Verstorben identifiziert.

Geistheiler Manfred Lippert aus Braunschweig wurde gleich von drei Geistern bekehrt, während Hans-Joachim Starczewski ein verstorbener katholischer Geistlicher erschien. „Du bist eine heilende Hand", habe der tote Pfarrer gesagt.[20]

Der berühmteste Geistheiler Englands, Tom Johanson, erfuhr nach einer spiritistischen Sitzung, an der er teilgenommen hatte, daß er über mediale Fähigkeiten verfüge. Von da an befaßte sich Johanson mit dem Übersinnlichen und nahm Kontakt mit dem bekannten englischen Medium Harold Sharp auf. Sharp bestätigte dem Kunststudenten dessen paranormale Fähigkeiten wie Hellsehen und Geistheilen.

Damals wie heute wurden und werden Schamanen aus einer jenseitigen Welt berufen. Und von dort erhalten sie auch die geheimnisvollen Kräfte, um spektakuläre Heilerfolge zu erzielen.

Als einer der berühmtesten Geistheiler dieser Welt gilt Harry Edwards. Der Engländer erklärte in einem Interview mit der österreichischen Tageszeitung „Kurier" seine Heilwunder:

„Das Prinzip ist: Durch die Hände des Heilers wirken höhere Intelligenzen – der Helfer selbst ist nur Mittler. Da sich alle diese Einflüsse unserer unmittelbaren Erkenntnis entziehen, sind sie übernatürlich – es sind Geister verstorbener Menschen.

Kurier: Haben Sie besondere Gründe für diese Annahme?

Edwards: Ich bin von dem Weiterleben nach dem Tod fest überzeugt. Nach seinem körperlichen Tod hat mich etwa Jack Webber [ein Medium, mit dem Edwards sich in den dreißiger Jahren beschäftigte] noch wiederholt besucht – er saß mir direkt gegenüber – so wie Sie mir jetzt gegenübersitzen.

Kurier: Was spüren Sie, was spürt ein Patient während eines Heilvorganges?

Edwards: Vor allem Wärme – dort, wo man die Hand auflegt. Sowohl Heiler als auch Patient spüren das. Es muß sich dabei irgendein Energieumsatz abspielen. "[21]

Unter Mithilfe aus der Geisterwelt heilte auch der Schweizer Geistheiler Ludwig Rizolli seine Patienten – fast dreißig Jahre lang: „Wir Geistheiler haben unseren geistigen Helfer aus der jenseitigen Welt – genau so, wie das Harry Edwards beschrieben hat."[22]

Rizolli bestätigt, was der Geistheiler Hanns-Joachim Starczewski heute noch tagtäglich erlebt: die Totengeister sind behilflich. So erklärt er unbefangen, daß er Ratschläge vom verstorbenen Franz Anton Mesmer erhalte, den wir schon als Wegbereiter des „westlichen" Spiritismus kennengelernt haben. Diese Mitteilungen aus dem Jenseits bekommt der Geistheiler auf einem Künstlerhof im Westerwald:

„Ich habe meinen Künstlerhof hier im Silbertal aufgebaut, weil an diesem Platz die kosmischen Strahlen konzentriert auftreten. Hier stand vor 7000 Jahren ein keltischer Tempel."[23]

Mittlerweile heilt der „Westerwald-Schamane" dort nicht nur, sondern hält auch Seminare ab, um Interessierte ins Übersinnliche einzuführen.

Der bayerische Geistheiler Karl von Denkendorf mußte hingegen eine weite Reise unternehmen; er lernte den Geisterkontakt von australischen Buschmännern. Wie er heute heilt, beschreibt er so:

„Wenn ich Menschen heile, versetze ich sie zunächst durch leise Sphärenmusik in einen gewissen Ruhezustand. Ich selbst beginne zu meditieren und falle allmählich in Trance. Bald habe ich ein starkes Gefühl, Kräfte aus einer anderen Welt strömen in mich hinein. Wenn die

Geister in mir sind, sehe ich die Aura des Patienten. Es ist dieser bläuliche Strahlenkranz, der jeden Menschen umgibt. Da, wo die Krankheit ist, ist auch die Aura unterbrochen. Dort hinein leite ich die Kraft der Geister."[24]

Rätselhafte Kräfte und mysteriöse „Geisterspritzen"

Nach okkult-esoterischem Verständnis umhüllt den menschlichen Körper ein zweiter Leib. Er wird „Ätherleib", „Aura" oder „feinstofflicher Körper" genannt. Medial veranlagte Menschen können häufig anhand der Farben der Aura über den körperlichen und seelischen Gesundheitszustand einer Person Aussagen machen. Bisher konnte trotz intensiven Bemühens keine Erklärung für einen solchen Doppelleib erbracht werden.

Von einer Aura und geheimnisvollen Kräften aus einer anderen Welt spricht auch die Heilerin aus dem Kaukasus. Dshuna nennt diese Jenseitsströme, die sie an Kranke weitergibt, „Bioenergie". Von ihren Händen gehen angeblich „energetische Kraftspritzen" aus, die man exakt in dieser Form auch bei den philippinischen Geistheilern findet.

In seinem Bildband „Geistheiler auf den Philippinen" beschreibt der österreichische Journalist Gert Chesi solche unsichtbaren Injektionen. Er erlebte sie am eigenen Körper in der Kapelle des Geistheilers Juanito Flores in Urdaneta:

„Um halb zwölf kommt Flores von seinem Wohnhaus in die Kapelle. Er wirkt anders als die Heiler in Baguio oder gar die liebenswerte Josephine [auch eine Geistheilerin]. Fast mürrisch, grußlos, ohne die Patienten zu beachten, geht er über die zwei Stufen auf das Podium, auf dem der Operationstisch vor einem seltsamen Wandgemälde steht. Die Szenerie zeigt einen kegelförmigen roten Berg, auf den sich in Serpentinen eine Straße windet. Auf seiner Spitze steht aufgeschlagen die Bibel. Weiter vorn im Raum hängen wie bei Josephine zwei Fahnen, die die Zugehörigkeit zur ‚Union Espiritista Christiana' [christliche Spiritisten-Vereinigung] anzeigen. Ein Patient, der offensichtlich schon öfter hier war, unterrichtet mich, daß die Kranken von rechts aufs Podium zu kommen haben und Beobachter nur links stehen dürfen, wobei zu beachten sei, daß nie jemand zwischen Flores und die Fahnen gerät. Das würde seine ‚Silberschnur' durchtrennen, die ihn mit den metaphysischen Räumen verbindet.

Flores hält eine Bibel in der Hand und vertieft sich. Sein Gesicht wirkt wie in Trance, er schneidet Grimassen und lacht gelegentlich das Lachen eines Mannes, dessen Gedanken nicht auf dieser Erde weilen."[25]

Jenes Schneiden von Grimassen und „außerweltliche" Lachen findet sich häufig bei Menschen, die ihren Körper der Geisterwelt zur Verfügung stellen. Bei dieser Beschreibung des österreichischen Journalisten ist allerdings etwas anderes interessant. Es ist der Hinweis auf die „Silberschnur", auf diese mysteriöse Verbindung zwischen dem Geistheiler und – in diesem Fall – den beiden Fahnen der Spiritisten-Vereinigung. Sie scheinen bei den „außerweltlichen Kraftspritzen" eine nicht unerhebliche Rolle zu spielen. Chesi erlebte die Injektionen so:

„Ich sehe, daß Flores absolut nichts in den Händen hält. Die ‚Injektionen' sind spiritueller Art, unbekannte Energien ermöglichen es, Bereiche des Körpers zu dematerialisieren, in ihn einzudringen.

Nach Skip [eine Reisebegleitung des Autors] stehe ich vor Flores. Wieder erscheint die Assistentin mit einem nassen Wattebausch und markiert die Einstichstelle. Ich spüre Flores' Finger durch das Hemd und einen kurzen Schmerz, der mehr an eine Entladung statischer Energie

als an einen Einstich denken läßt. Sechsmal dringt Flores'
imaginäre Nadel in meinen Körper. Nur viermal ver-
nehme ich einen kurzen brennenden Schmerz."[26]

Bevor Gert Chesi mehrere Reisen auf die Philippinen unternahm, studierte er einige Jahre afrikanische Kulte, unter anderem den Voodoo-Kult, der durch eine farbige Geisterwelt und ausgeprägte Besessenheitsphänomene bei
den Kult-Anhängern gekennzeichnet ist. Vor diesem Hintergrund schreibt er zu der geheimnisvollen Verbindung
zwischen dem Geistheiler und den Fahnen der spiritistischen Vereinigung:

„Wie bei den Fetischpriestern der Voodoo-Gesellschaften
werden Gegenstände in magische Kraftzentren verwandelt, die dann in der Lage sind, den Heiler zu unterstützen. Bei den Mitgliedern der ‚Union Esperitista Cri-
stiana' ist es die bestickte Fahne, mit der der Heiler in Verbindung steht. Wenn sich ein Besucher zwischen Fahne
und Medium stellt, kann der Kontakt unterbrochen werden, und es kommt zu einer kritischen Situation für Patienten und Heiler. Die Fahne als Kraftstation wird durch
Opfer und Gebet neu aufgeladen."[27]

Wer steckt hinter dem heiligen Konstantin?

Daß von toten Gegenständen mysteriöse Kräfte ausgehen können, finden wir nicht nur bei den Geisterbeschwö-
rern auf den Philippinen oder bei den Voodoo-Priestern
Afrikas. Viele Geistheiler-Praxen werden mit ikonenarti-
gen Bildern geschmückt, die in der orthodoxen Kirche
eine besondere Bedeutung haben. Ikonen sind geweihte
Bilder, mit Darstellungen Christi, Mariens, Heiliger oder
religiöser Szenen. In welcher Bedeutung solche „toten"
Bildwerke verwendet wurden und werden, zeigt sich in

einem Heilkult, der sich bis heute in einigen Dörfern Mazedoniens gehalten hat.

Dort in Nordgriechenland feiert eine Bevölkerungsgruppe, die Anastenariden, jeweils am 21. Mai ein Kult-Fest, zu dem zahlreiche Zuschauer aus ganz Griechenland anreisen. Im Laufe dieses Festes, das von der orthodoxen Kirche als Götzendienst schärfstens verurteilt wird, kommt es zur Übergabe der „Konstantin-Ikonen" an die Kult-Tänzer. Das ist ein entscheidender Moment, weil jetzt die übernatürliche Schutzkraft des heiligen Konstantin auf die Tänzer übergeht. So eine Kraftübertragung wird als „elektrischer Schlag" oder eine „kühle Brise" beschrieben. In einem späteren Abschnitt des Festes fallen die Tänzer, die oftmals kranke Patienten sind, in Trance, um sich vom heiligen Konstantin gesundmachen zu lassen. Sie öffnen sich ganz dem Einfließen der heilenden Energie. Sie beginnen zu zittern, stoßen Schreie aus, schneiden mit wirrem Blick Grimassen.

Hier zeigt sich der typische Schamanismus: die Beteiligten lassen die Geister in sich einfahren. Auch diese schamanistische Szene aus Nordgriechenland belegt, daß durch tote Materie eine sonderbare Energieübertragung möglich ist. Derart geweihte Gegenstände scheinen Kanäle für wissenschaftlich nicht nachzuweisende Kräfte zu sein, deren Wirkung aber feststellbar ist. Sowohl bei den Spiritisten-Fahnen als auch bei den Konstantin-Ikonen wird deutlich: es geht um die Übertragung von Energien. Sie werden entweder von Menschen durch verschiedene Techniken übertragen, oder geweihte Gegenstände dienen als Kanäle dafür.

Weiter ist festzuhalten, daß diese Kraftströme aus einer anderen Welt stammen. Es ist die jenseitige Welt der Geister. Die Bibel kennt diese Formen der Kraftübertragung sehr genau und geht darauf ein. Unmißverständlich macht sie klar, daß hinter toter Materie, beispielsweise

Götzenbildern, die Mächte von Dämonen stecken können. Der Apostel Paulus warnt:

„Was sage ich nun? Daß das einem Götzen Geopferte etwas sei? Oder daß ein Götzenbild etwas sei? Nein, sondern daß das, was sie den Nationen [Heiden] opfern, sie den Dämonen opfern und nicht Gott. Ich will aber nicht, daß ihr Gemeinschaft habt mit den Dämonen" (1. Korinther 10,19-21).

Keine Frage, die durch Opferungen geweihten Fahnen der philippinischen Spiritisten sind Kanäle zu Dämonenmächten. Eine andere Möglichkeit der Erklärung findet sich in der Bibel nicht. Nun haben wir einen ersten, klaren Hinweis, daß hier die Geisterwelt in Anspruch genommen wird, die als Endziel nur eines verfolgt: den Menschen für alle Ewigkeit zu schaden. Ebenso verhält es sich bei den Konstantin-Ikonen der Anastenariden. Parallelen zu dieser Übertragung von Heilenergien mittels toter Gegenstände finden wir heute in vielen modernen Geistheiler-Praxen. So überträgt die deutsche Geistheilerin Brigitte Blumenberg Energien auf kleine Metallkreuze. Frau Blumenberg, die mit Geistern verkehrt, die durch sie heilen, empfiehlt, dieses Kreuz stets bei sich zu tragen.

Auch die zahlreichen Ikonen in etlichen Geistheiler-Praxen sprechen eine deutliche Sprache.

Aber wie sieht es bei den Geistheilern aus, die nur per Handauflegen ihre heilsamen Jenseitsenergien weitergeben? Stehen auch sie mit der Geisterwelt in Verbindung, die auf Satans Kommando hört? Sind viele unerklärliche Heilungen bei oftmals jahrzehntelang geplagten Menschen wirklich teuflischen Ursprungs? Gibt es in der Bibel nicht zahlreiche Geschichten über Heilungen, bei denen durch Handauflegen kranke Menschen auf geradezu spektakuläre Weise gesund wurden – so, wie bei manchen Geistheilern heute?

Wir wollen diesen Fragen jetzt nachgehen und darlegen, warum bei vielen Geistheilungen leider sehr ernste Bedenken gerechtfertigt sind. Es wird sehr wichtig sein, nicht nur die einzelnen, oftmals recht farbigen Elemente darzustellen, sondern auch das Zusammenspiel im gesamten Spektrum zu betrachten, um deren tatsächliche Wirksamkeit zu erfassen.

Bisher haben wir folgendes festgestellt:

▷ Seitdem es Menschen auf der Erde gibt, befassen sie sich mit einer unsichtbaren Dimension.
▷ In der unsichtbaren Dimension existieren Geistwesen, die vorgeben, verstorbene Menschen zu sein.
▷ Zur jenseitigen Welt mit ihren Jenseitswesen ist eine Verbindung möglich.
▷ Von dort kommen übersinnliche Mitteilungen und übermenschliche Kraftströme.
▷ Diese Informationen und Energien werden von medial begabten Menschen, zum Beispiel von Schamanen, empfangen und genutzt – zur übersinnlichen Diagnose und Therapie.
▷ Fast immer sind in den Familien der Schamanen stark medial begabte Vorfahren zu finden.
▷ In sehr vielen Fällen werden Schamanen aus der jenseitigen Welt direkt berufen und in Jenseits-Geheimnisse eingeweiht.
▷ Der Geisterverkehr ist eingebettet in ganz bestimmte religiöse Vorstellungen, die biblischen Glaubensinhalten entgegenstehen.
▷ Ganz deutlich wird diese letzte Tatsache bei dem Kontakt mit Verstorbenen und der aus dem Jenseits bezeugten Seelenwanderung.

Der Spiritismus steht unter einem strengen Verbot Gottes. Er selbst nennt die Totenbefragung ein Greuel, aber auch alle anderen Jenseitskontakte. Jegliche Form des

Anschlusses an die Dimension der Geister, ob nun durch ein Pendel, in einer spiritistischen Sitzung oder wie auch immer, ist mit einem strikten Verbot Gottes belegt. Eine so drastische Verurteilung hat ihren guten Grund, wenn wir an den Wiederverkörperungsglauben denken, an die stetige Wanderung der Seele durch verschiedene Existenzen. Direkt damit verbunden sind ja der Karma-Gedanke und die damit zusammenhängende Selbsterlösung der Seele.

Die Seelenwanderung und die Karma-Vorstellung richten sich scharf gegen den in der Bibel aufgezeigten Erlösungsweg: Warum mußte Jesus von Nazareth, Gottes eigener Sohn, dann sterben? Ja, man könnte sogar noch weiterfragen: Welche Rolle spielt Gott dann überhaupt noch?

9

Die Geistfalle

In der Sendung „Unglaubliche Geschichten" von Radio
Luxemburg stellte Rainer Holbe den Techniker und Com-
puterspezialisten Manfred Boden vor, der Gespräche mit
Verstorbenen, mit Wesen aus dem Jenseits, geführt haben
will. Hier einige Auszüge aus einem Tonbandprotokoll:

„Boden: Könnt ihr mit Energiebündeln auch Tonbänder
oder sonstige Magnetschichten ändern oder löschen?
Paranormale Stimme: Ja!
Boden: Könnt ihr damit auch unser Unterbewußtsein be-
einflussen oder aus diesem lesen?
Paranormale Stimme: Ja!
Boden: Kommt ihr im Auftrag von Gott oder seinem Sohn
Jesus Christus?
Paranormale Stimme: Es gibt keinen Gott!
[...]
Boden: Kennt ihr den Unterschied zwischen Gut und
Böse?
Paranormale Stimme: Es gibt kein Gut, und es gibt kein
Böse.
[...]
Boden: Wer ist euer Herrscher in der siebenten Dimen-
sion?
Paranormale Stimme: Wir haben keinen.
Boden: Welche Nahrung nehmt ihr zu euch?

Paranormale Stimme: Wir sind Energie. Wir brauchen keine Nahrung.

[...]

Boden: In eurer Welt muß es doch auch Hell und Dunkel geben?

Paranormale Stimme: Es gibt kein Hell und Dunkel.

Boden: Wie viele Millionen Energiewesen seid ihr dort in eurer Welt?

Paranormale Stimme: Millionen reichen nicht aus. Es gibt keine vorstellbare Zahl."[1]

Die Echtheit dieses Interviews ist natürlich nicht nachzuweisen. Daß es sich aber tatsächlich um Jenseitsbotschaften gehandelt haben könnte, zeigen deutliche Parallelen zu anderen jenseitigen Mitteilungen. Auch bei ihnen findet man die Leugnung von Gut und Böse, die Bemerkung, daß Gott nicht vorhanden sei, und den Hinweis der Absender, ihre Körper seien reine Energie.

Nun stellt sich die Frage, ob Manfred Boden wirklich Kontakt mit Verstorbenen gehabt hat oder sich dort ganz andere Wesen gemeldet haben – solche, deren Zahl der Prophet Daniel mit „tausendmal tausend, und zehntausendmal zehntausend" wiedergibt und die das Neue Testament der Bibel mit „unzählige Tausend" beziffert.

Woher kommen die Heilenergien?

Im Kapitel über die Engelwelt haben wir festgestellt, daß Daniel diese Wesen als eine Art Energiekörper beschreibt. Andere Begegnungen mit Engelwesen, die in der Bibel beschrieben werden, scheinen das zu bestätigen, beispielsweise in der Weihnachtsgeschichte:

„Und es waren Hirten in derselben Gegend, die auf freiem Feld blieben und des Nachts Wache hielten über ihre Herde. Und siehe, ein Engel des Herrn stand bei ihnen, und die Herrlichkeit des Herrn umleuchtete sie, und sie fürchteten sich mit großer Furcht" (Lukas 2,8-9).

Wir haben außerdem festgestellt, daß diese Engel aus der unsichtbaren Welt übermenschliches Wissen und übersinnliche Kräfte aufweisen. Sie sind sogar in der Lage, physikalische Gesetzmäßigkeiten außer Kraft zu setzen, wie die Gefängnisbefreiung des Apostels Petrus belegt.

Waren es vielleicht diese Geisterwesen, die Manfred Boden etwas aufs Tonband flüsterten und mit deren Energien Tausende von Geistheilern rund um den Globus ihre Wunderheilungen vollbringen? Sind sie die Intelligenzen, die – wie Harry Edwards es beschreibt – durch die Hände der Heiler wirken?

Die Tonbandstimmen stammten wohl kaum von den Engeln, die nur im Auftrag Gottes handeln. Auch die „Energiespender" aus dem Jenseits entpuppen sich bei näherem Hinsehen als Sklaven des „schwarzen" Engels Satan, der allerdings „die Gestalt eines Engels des Lichts annehmen kann" (2. Korinther 11,14). Er und seine Vasallen sind eben immer noch Engel mit übermenschlichem Wissen und übermenschlichen Kräften.

dynamis, semeion, teras

Die sensationellen Heilerfolge werden nicht ohne Grund als Wunderheilungen bezeichnet. Im 2. Thessalonicherbrief, Kapitel 2, Vers 9, wird uns mitgeteilt, daß auch der Satan in der Lage ist, durch Machttaten Zeichen und Wunder zu tun. Es sind allerdings Zeichen und Wunder der Lüge. Interessant an dieser Textstelle sind die griechischen Wörter für Machttaten, Zeichen und Wunder.

Der Grundtext verwendet für „Machttat" das griechische Wort *dynamis,* das auch mit „Kraftwirkung" übersetzt werden kann. Der Satan erzeugt die Wunder und Zeichen also durch Kraftwirkungen, durch Energien. Außerdem wird im Grundtext für „Zeichen" das Wort *semeion* verwendet und für „Wunder" das Wort *teras* gebraucht.

Alle drei Wörter finden wir aber auch bei der Beschreibung von göttlichen Wundern: *dynamis, semeion* und *teras* haben also einen Doppelcharakter. Es werden damit göttliche wie auch teuflische Wunder, Zeichen und Kraftwirkungen ausgedrückt. Im 2. Kapitel des Hebräerbriefes finden wir diese Worte beispielsweise in folgendem Zusammenhang:

„Wie wollen wir entrinnen, wenn wir ein so großes Heil nicht achten, das seinen Anfang nahm mit der Predigt des Herrn und bei uns bekräftigt wurde durch die, die es gehört haben? Und Gott hat dazu Zeugnis gegeben durch Zeichen und Wunder und mancherlei Machttaten und durch die Austeilung des heiligen Geistes nach seinem Willen" (Hebräer 2,3-4).

In dieser Textstelle erinnert der Apostel Paulus daran, daß Gott bei der Ausbreitung des Evangeliums durch seine Jünger, nach Jesu Tod also, das von den Aposteln verkündigte Wort durch *dynamis, semeion* und *teras* bestätigte. Dies scheint nach Meinung mancher Bibelausleger eine einmalige Aktion gewesen zu sein, denn die Textstelle spricht in der Vergangenheit davon. Aber Gott wirkt noch heute Wunder. Daher bleibt für uns die Verpflichtung, zu überprüfen, welcher Geist im Einzelfall am Werk ist.

Spektakuläre Krankenheilungen – äußerlich denen ähnlich, die heutzutage aus vielen Geistheiler-Praxen berichtet werden – sind uns auch von Paulus überliefert. Während seines Aufenthaltes auf der Insel Malta geschah folgendes:

„In dieser Gegend hatte der angesehenste Mann der Insel, mit Namen Publius, Landgüter; der nahm uns auf und beherbergte uns drei Tage lang freundlich. Es geschah aber, daß der Vater des Publius am Fieber und an der Ruhr darnieder lag. Zu dem ging Paulus hinein und betete und legte die Hände auf ihn und machte ihn gesund. Als das geschehen war, kamen auch die anderen Kranken der Insel herbei und ließen sich gesundmachen" (Apostelgeschichte 28,7-9).

Paulus, aber auch die anderen Apostel, heilten mit Energien aus einer unsichtbaren Welt. Die dadurch erzeugten Wunder waren Gotteswunder, die der Schöpfer dieser Erde zuließ, um den Menschen etwas deutlich zu machen: Das Evangelium ist eine Gotteskraft (Römer 1,16).

Ein Magier mit der „großen Gotteskraft"

Von Gotteskraft ist auch in einer Schilderung der Apostelgeschichte die Rede, die wir im Kapitel 8, ab Vers 5, finden. Diese Geschichte hat etliche verblüffende Parallelen zur Jetztzeit, da sie uns in eine Situation hineinführt, die wir heute im sogenannten christlichen Abendland vorfinden.

Der Apostel Philippus kommt in die Hauptstadt der Region Samaria und beginnt dort sofort, das Evangelium zu verkündigen:

„Und das Volk neigte einmütig dem zu, was Philippus sagte, als sie ihm zuhörten und die Zeichen sahen, die er tat. Denn die unreinen Geister fuhren aus mit großem Geschrei aus vielen Besessenen, auch viele Gelähmte und Verkrüppelte wurden gesund gemacht; und es entstand große Freude in der Stadt. Es war aber ein Mann mit Namen Simon, der zuvor in der Stadt Zauberei trieb und das Volk von Samaria in seinen Bann zog, weil er vorgab, er wäre etwas Großes.

Und alle hingen ihm an, klein und groß, und sprachen: Dieser ist die Kraft Gottes, die die Große genannt wird. Sie hingen ihm aber an, weil er sie lange Zeit mit seiner Zauberei in seinen Bann gezogen hatte. Als sie aber den Predigten des Philippus von dem Reich Gottes und von dem Namen Jesu Christi glaubten, ließen sich taufen Männer und Frauen. Da wurde auch Simon gläubig und ließ sich taufen und hielt sich zu Philippus. Und als er die Zeichen und großen Taten sah, die geschahen, geriet er außer sich vor Staunen" (Apostelgeschichte 8,6-13).

New Age – damals und heute

Warum die „Philippus-Wunder" alle in Erstaunen versetzten, selbst den Zaubermeister Simon, hatte einen ganz bestimmten Grund. Diese Stadt lebte nicht nur in dem alten überlieferten „Judentum" samaritischer Färbung, sondern war auch beherrscht von einer neuen Religion, in der okkulte, übersinnliche Phänomene eine große Rolle spielten. Einer der führenden Vertreter dieser Religion war Simon, der „Zauberei betrieb" und „die Kraft Gottes hatte, die man die Große nennt". Womit beschäftigte sich dieser Simon eigentlich?

Das griechische Wort, das hier für Zauberei verwendet wird, läßt in Zusammenhang mit anderen Textstellen die Deutung zu, daß Simon Kräfte aus dem Jenseits aktivieren konnte, um sie heilend oder auch schadend einzusetzen. Diese okkulten Fähigkeiten waren eingewoben in religiöse Vorstellungen. Werner de Boor schreibt in der Wuppertaler Studienbibel:

„Hier war eines jener Religionssysteme wirksam, wie sie aus der Religionsmengerei des hellenistischen Orients vielgestaltig hervorgingen und wie wir sie dann in der sogenannten ‚Gnosis' christlich gefärbt als gefährliche Konkurenten der Kirche kennen. Man sprach von den verschiedenen ‚Emanationen', den ‚Ausflüssen' oder ‚Ausstrahlungen' der Gottheit und sah in bestimmten Kreisen oder auch in einzelnen Männern die ‚Kräfte' der Gottheit in verschiedenem Maße wirksam … Damals wie heute noch horcht der Mensch begierig auf, wenn etwas seinem Verlangen nach wunderbarer Hilfe und nach einem Erleben des Übernatürlichen, Geheimnisvollen so drastisch und so billig entgegenkommt."[2]

Dieses Religionssystem, auf das Philippus in der Hauptstadt Samarias stieß, breitet sich zur Zeit im christlichen Abendland wie ein Buschfeuer aus. Und diejenigen, die dieses Buschfeuer an verschiedenen Plätzen anzünden, gleichen sehr dem Zauberer Simon.

Über ihn wird berichtet, daß er sich von der Gemeinde Jesu trennte und eine eigene gnostische Gemeinde gründete. Auch heute entstehen immer neue gnostische Gemeinden; mehr noch: der Gnostizismus schickt sich an, zu einer Weltreligion aufzusteigen, die im Moment noch den Namen „New Age" trägt. Um was geht es in der Gnosis?

„Als Religionstyp ist die Gnosis ein Weg innerer Erfahrung, darin sich der Mensch in seiner letzten Wahrheit wieder in den Griff bekommt (bekommen will), sich erneut seiner Ursprünge erinnert und seiner eigentlichen göttlichen Natur bewußt wird. Das eigentümliche der Gnosis ist die Erkenntnis des in der Welt der Erscheinungen gefangenen transzendentalen und göttlichen Ichs."[3]

Charakteristische Nebenerscheinungen der Gnosis sind unter anderem die Lehre von der Wiederverkörperung und den höheren Wesen, die Esoterik und der unüberschaubare Bereich des Okkultismus.

Eine andere Erklärung beschreibt die Gnosis als ein Gedankensystem, „das als kleinster gemeinsamer Nenner von Hinduismus, Buddhismus, Okkultismus und anderen esoterischen Traditionen dient."[4]

Dieses gnostische Denken hat auf der Welt nur einen einzigen wirklichen Gegner: das jüdisch-christliche Denken! Und derjenige, der dieses antigöttliche Gedankensystem zur weltumspannenden Religion aufbauen will, hat damit nur eines im Sinn: ehrlich suchenden Menschen den wahren Weg zu Gott zu verbauen. Und dafür setzt er alles ein, selbst *dynamis, semeion* und *teras,* nachgeäffte Gotteskraft sowie Zeichen- und Lügenwunder. Seine menschlichen Agenten sind überall unterwegs, oftmals auch unwissend, in der Meinung, für einen „Engel des Lichts" oder sogar für Gott selbst zu arbeiten.

Im Licht der biblischen Informationen erscheint das alles jedoch ganz anders.

Heilt Frau Kress mit der Kraft Gottes?

Ursula Kress gehört zu den prominentesten Geistheilern Europas. Lange Zeit arbeitete sie in Neustadt am Rübenberge in Niedersachsen, heute in einem hübschen Einfamilienhaus im schweizerischen Wienacht-Toben, einem Dorf hoch über dem Bodensee. Hier am Bodensee hat auch ihr Lehrmeister gewirkt: der erste Magnetopath, den wir schon als Ideenspender des westlichen Spiritismus kennenlernten: Franz Anton Mesmer.

Die Kraft, zu heilen, habe sie von der Großmutter geerbt, die als Hebamme in Neuruppin tätig war. Als sie den Nachlaß ihrer Eltern übernahm, fiel ihr auch ein vergilbtes Buch ihrer Großmutter in die Hände: „Hilfe für die Familie in Not und Krankheit". Als sie es näher anschaute, sei dieses Buch an einer bestimmten Stelle von selbst aufgeklappt. Sie las und erfuhr, wie man verschiedene Krankheiten durch Handauflegung magnetopathisch behandeln sollte. Von da an habe sie gewußt, daß die Heilkraft ihrer Großmutter tatsächlich auf sie übergegangen sei.

Bereits wenn der Patient zur Tür hereinkomme, erklärte sie dem österreichischen Journalisten Paul Uccusic, werden ihr Diagnose und Therapie geistig gezeigt. Dann beginne sie, sich zu konzentrieren, und richte den Blick auf das Sonnengeflecht (Magen) und die Aura des Patienten. Anschließend lege sie die Hände auf und lasse einen Heilstrom durch sich fließen, der dann bei den Kranken wahre Wunder vollbringe. Für 70 bis 100 Mark heilt die Schweizer Geistheilerin nicht nur magnetopathisch. Sie will auch schon einen Dämon bei einem mutmaßlich besessenen Kind ausgetrieben haben.

Sie lehrte den Jungen ganz einfach, richtig zu beten, und in wenigen Wochen sei er die Krankheit losgewesen. Auf die Frage von Paul Uccusic, weshalb ein Kind wie dieses schon von Geburt an zu leiden habe, antwortete sie:

„Ich bin überzeugt, daß wir es mit einer karmatischen Schuld zu tun haben, die aus einem früheren Leben stammt. Auch ich sah als Kind Elfen und Feen. Ich sang deren Lieder und spielte mit ihnen; und ein sehr kluger Arzt, ein Freimaurer, den meine Mutter damals in Berlin zu Rate zog, erklärte dies mit vorgeburtlicher Erinnerung und meinte im übrigen, dies sei nicht tragisch zu nehmen – es würde sich von selbst geben. So war es dann auch, aber intuitiv weiß ich seither, daß es jenseits dieser Wirklichkeit eine zweite gibt ... Viele Probleme basieren auf Schuld, die wir in einem früheren Leben auf uns geladen haben. Sie rühren von Dingen, die wir anderen angetan haben und die auf uns zurückfallen.“[5]

Frau Kress weiß um diese zweite Wirklichkeit sehr genau, weil dort auch ihr „Geistführer“ zu Hause ist. Paul Uccusic schreibt in seinem Buch „Naturheiler“:

„Als ihren geistigen Führer will sie Sri Jukteswar, einen indischen Yogi, erkannt haben, dank der Hilfe eines englischen Mediums, das Jukteswars Gesicht zeichnete (‚Das ist ja mein Führer‘, rief Frau Kress angesichts des Bildes), und dank der Hilfe Vilayat Inayat Khans, des Oberhauptes der Sufisten, der Jukteswar auf dem Bild erkannte.“[6]

Die Frage, ob sie durch ihren Geistführer heile, verneinte sie.

Lähmungen, Rheuma, Durchblutungsstörungen und andere Krankheiten behandelt Frau Kress so:

„Unser Geist ist ein Funke des All-Geistes, und die Einzelseele ist ein Seelenfunke Gottes. Wir Geistheiler übertragen die Liebe Gottes auf andere, als Teil der Allkraft. In diesem Bewußtsein arbeite ich.“[7]

„Bei jeder Behandlung ist, verbunden mit einem Gebet, Jesus Christus mein Fundament.“[8]

Diese Aussagen zeigen, daß die Schweizer Geistheilerin in demselben „ Religionssalat“ zu Hause zu sein scheint, der schon damals in der Hauptstadt Samarias aufgetischt wurde. Es ist eine christlich eingefärbte Gnosis, deren Grundelemente in der okkulten Philosophie östlichen Denkens zu finden sind:
Alles ist eins. Der Mensch ist ein göttliches Wesen. Der Wiederverkörperungsglaube gehört genauso dazu wie die Karmavorstellung und die Annahme, jeden Menschen umhülle ein Ätherleib. Wenn Frau Kress ihre heilenden Energien per Handauflegung in das „Sonnengeflecht“ einfließen läßt, baut sie auch hier auf östlichem Ideengut auf. Danach befinden sich in diesem Ätherleib sieben Chakren, Energiezentren, die für die körperliche und seelische Gesundheit von entscheidender Bedeutung sein sollen.

Bei soviel östlicher Philosophie verwundert es natürlich nicht, daß sie als ihren geistigen Führer einen indischen Yogi erkannt hat. Die Bemerkung, Jesus Christus sei ihr Fundament, muß dann wohl auch „östlich" ausgelegt werden. „Östlich" heißt hier, daß Gottes Sohn Jesus Christus neben Brahma, Buddha oder Schiwa nur als einer von vielen „höheren" Geistern verstanden wird.

Geistheilungen auf 500 Quadratmetern

Hier zeigt sich deutlich das Gedankengut, das Madame Blavatsky und ihre Theosophische Gesellschaft in der westlichen Welt salonfähig gemacht haben. Die russische Schamanin prophezeite eine Weltreligion, in der mehrere Wege zu „ewiger Wahrheit" führen würden.

Wie konkret diese Vorstellungen realisiert werden, die ihr von tibetischen „Jenseitsweisen" eingegeben wurden, zeigt sich am Altar der „Vereinigten Gottheiten" in Hannover. Dieser Altar steht im Allerheiligsten eines Bürohauses, in dem sich wundersame Dinge tun. Dort werden nicht nur Christus, Buddha oder Schiwa verehrt, sondern auch Krankheiten aller Art behandelt – per Geistheilung. Auf 500 Quadratmetern Fläche ist eine Crew von 15 selbsternannten „Priesterärzten" und „Gesundheitspflegern" aktiv, die mit Energien aus dem Kosmos hantieren. Es sind Schamanen wie der ehemalige Sozialarbeiter Michael Punner.

Im fernen Indien seien ihm „überirdische Wesenheiten, Engel, Seraphim und kosmische Meister" erschienen, die ihm einen „Handlungsauftrag erteilt" hätten.[9] Um diesem Auftrag gerecht zu werden, gründeten er und noch einige andere „Eingeweihte" ein Unternehmen für „alternative Heilweisen und integrative Therapieausbildung". Die Kurzbezeichnung „Regenbogen-Zentrum" weist darauf hin, daß es den hannoverschen Schamanen nicht nur ums körperliche Gesundmachen geht. In ihrem Heiltempel predigen sie denn auch fleißig über die weltumspannende „Neue Religiosität im sanften Wassermann-Zeitalter".

Vom New-Age-Virus lassen sich in Hannover nicht mehr nur „alternativ angehauchte" Klienten anstecken. Mittlerweile gehören zum Kundenstamm auch ganz „normale" Menschen wie Taxifahrer oder Jungmanager. Mit einem farbenprächtigen Programm, das von „Afrikanischen Tänzen" bis hin zum Wahrsagekarten-System „Tarot" reicht, werden sie hier auf eine Begegnung mit dem Jenseits vorbereitet, von dem sich viele Besserung und Heilung erhoffen. Bereitwillig lauschen sie der Lehre, daß das Ewige und Göttliche in ihnen selbst wohne, oder lassen sich in Trance zu „früheren Existenzformen" leiten.

Der Paradies-Trick

Im „Regenbogen-Zentrum" von Hannover wird nichts anderes als der altbekannte Weg der Selbsterlösung gepredigt, der dem Menschen vorgaukeln will, er sei als Mensch-Gott zum Schöpfer seiner eigenen Realität bestimmt. Diesen Trick hatte schon jemand anderes „drauf", ganz zu Anfang der Menschheit:

„Da sprach das Weib zu der Schlange: Wir essen von den Früchten der Bäume im Garten, aber von den Früchten des Baumes mitten im Garten hat Gott gesagt: Esset nicht davon, rühret sie auch nicht an, daß ihr nicht sterbet! Da sprach die Schlange zum Weibe: Ihr werdet keineswegs des Todes sterben, sondern Gott weiß: an dem Tage, da ihr davon esset, werden eure Augen aufgetan, und ihr werdet sein wie Gott ..." (1. Mose 3,2-5).

Inzwischen finden sich in fast jeder europäischen Großstadt New-Age-Zentren, die oftmals unter recht unscheinbaren Bezeichnungen firmieren: „Transpersonales Zentrum", „Haus für Meditation" oder „spirituelle Therapie" oder „Zentrum für seelische und körperliche Gesundheit".

Dank der großzügigen Verbreitung in den Medien, beispielsweise durch die ZDF-Geistheiler-Sendungen, gelingt es dieser New-Age-Weltreligion, auch auf dem flachen Lande Boden zu gewinnen. Ihre Apostel machen selbst vor den „Trutzburgen" ihrer „natürlichen" Gegner nicht halt.

In einem Artikel über das „Regenbogen-Zentrum" in Hannover schreibt das Nachrichtenmagazin „Der Spiegel":

„Schon ist es dem Schamanen Michael Punner gelungen, in der Nachbarstadt Laatzen die Kirche der evangelischen Thomas-Gemeinde aufzuschließen. In regelmäßigen Abständen tritt er da an, um mit den Gläubigen meditierend, singend und betend ‚in die Grundbedingung geistigen Heilens einzuweisen'."[10]

Daß diese Grundbedingungen nach biblischem Urteil häufig zutiefst satanischen Ursprungs sein müssen, zeigen die Aktivitäten des Geistheilers Hanns Joachim Starczewski, den die „Bild-Zeitung" zum „Notarzt unter den Geistheilern" kürte, weil er auch per Telefon heilt.

Hat der Satan die Bibel gefälscht?

Schon als wir auf den Heilkontakt mit Verstorbenen eingingen, stellten wir fest, daß der Schamane aus dem Westerwald Betätigungen nachgeht, die der Gott der Bibel als Greuel verurteilt. Starczewski, der durch Handauflegung „kosmische Energien" weitergibt, erklärte seine Heilerfolge so:

139

„Zu meiner metaphysischen Heilmethode gehört das Ich-bin Bewußtsein. Das heißt, daß ich ein göttliches Wesen bin, und das Ich-bin bedeutet das Christussein in mir. Jesus Christus hat doch, als er seinen Jüngern nach seinem Tode erschien, gesagt, daß er in jedem von uns lebt und wir mit seiner Heilkraft arbeiten können. Mit diesem Ich-bin-Bewußtsein heile ich also die Menschen."[11]

Daß dieses Ich-bin-Bewußtsein wohl kaum der Bibel entsprungen sein kann und Jesus Christus nicht automatisch in jedem Menschen lebt, belegt die Textstelle, die der Geistheiler selbst anführt:

„Und er [Jesus] sprach zu ihnen [den Jüngern]: Gehet hin in alle Welt und predigt das Evangelium aller Kreatur. Wer da glaubt und getauft wird, der wird selig werden; wer aber nicht glaubt, der wird verdammt werden.
Die Zeichen aber, die folgen werden denen, die da glauben, sind diese: in meinem Namen werden sie böse Geister austreiben, in neuen Zungen reden, Schlangen mit den Händen hochheben, und wenn sie etwas Tödliches trinken, wird's ihnen nicht schaden; auf Kranke werden sie die Hände legen, so wird's besser mit ihnen werden.
Nachdem der Herr Jesus mit ihnen geredet hatte, wurde er aufgehoben gen Himmel und setzte sich zur Rechten Gottes" (Markus 16,15-19).

Dieses Evangelium, das von den Jüngern gepredigt werden sollte, sieht im Menschen etwas ganz anderes als ein göttliches Wesen. Jesus selbst sagt:

„Ihr habt den Teufel zum Vater, und nach eures Vaters Gelüsten wollt ihr tun. Der ist ein Mörder von Anfang an und steht nicht in der Wahrheit; denn die Wahrheit ist nicht in ihm. Wenn er Lügen redet, so spricht er aus dem Eigenen; denn er ist ein Lügner und der Vater der Lüge" (Johannes 8,44).

Wie diese Lügen aussehen können, belegt ein Artikel, der ausgerechnet mit der Überschrift „Die Verführungskünste Luzifers" veröffentlicht wurde. Er erschien in „Portraits", einer „Zeitschrift für Kunst, Radiästhesie, Esoterik und Metaphysik"; Herausgeber: Hans-Joachim Starczewski.

„Zwischenzeitlich waren viele große Avatare [menschliche Verkörperungen von Gottheiten, zum Beispiel Buddha, Christus] auf der Erde, um die Lehre von der Ich-bin-Gegenwart aufzubauen. Die Große Masse hat das Bewußtsein der ICH BIN GEGENWART nicht mehr erreicht. Obwohl Christus für den Aufbau des Selbst-Bewußtseins des Christus in jedem Menschen auf der Erde war, gilt es für viele als Häresie [ketzerische Irrlehre], wenn man sagt, daß man aufgrund dieses Erbes ein Gott, ein göttliches Wesen, ein Gotteskind ist.
Alle, die diese Erbschaft nicht anerkennen, verstärken das Bemühen oder die große Lüge Luzifers, daß es nur einen Sohn Gottes gebe und der Rest der Menschen Sünder sei und deshalb kein Anrecht auf die Gotteskindschaft besteht. Diese Lüge hat in der Tat viel Übles angerichtet. Wir wissen alle aus der Religionsgeschichte, von welchen Kräften dieser Aberglaube, denn das ist er, institutionalisiert wurde aufgrund der Fälschung in der Bibel, und von Generation zu Generation in die Herzen der Menschen gepflanzt wurde. Angst, Schuldgefühle, Frustationen, Bitterkeit, Haß, Neid sind nur einige der entstandenen Folgen, die den Solar-Plexus der Menschen besetzen ... Wie wir gesehen haben, ist die größte Lüge Luzifers, daß es nur EINEN Sohn Gottes gebe."[12]

Was uns in diesem Artikel entgegenschlägt, ist mit der Überschrift „Die Verführungskünste Luzifers" treffend formuliert. Hier wird der „Heilsweg" des Satans beschrieben: Der Selbsterlösungsweg des Menschen, bei dem

Gott und sein einziger Sohn Jesus Christus überflüssig gemacht werden.

Wir wollen diese Beschreibung nicht kommentieren, sondern die Bibel selbst sprechen lassen:

▷ Jeder Mensch ist ein Sünder:
„Alle haben gesündigt und die Herrlichkeit verloren, die Gott ihnen zugedacht hatte" (Römer 3,23).

▷ Das Herz des Menschen ist böse von Jugend auf:
„... denn von innen, aus dem Herzen der Menschen, kommen heraus böse Gedanken, Unzucht, Diebstahl, Mord, Ehebruch, Habgier, Bosheit, Arglist, Ausschweifung, Mißgunst, Lästerung, Hochmut, Unvernunft. Alle diese Dinge kommen von innen heraus und machen den Menschen unrein" (Markus 7,21-23).

Zwei ganz klare Aussagen der Bibel, die belegen, daß niemand auf dieser Erde ohne Sünde ist. Die Sünde ist im Menschen selbst zentral verankert und schließt von jeglicher Gotteskindschaft aus.

Dieses Faktum paßt natürlich nicht in die Vorstellung, der Mensch sei gottgleich und könne sich selbst aus dem Sumpf seines verpfuschten Lebens herausziehen. Deshalb werden solche biblischen Informationen mit der saloppen Bemerkung, sie seien von Luzifer selbst gefälscht, vom Tisch gefegt.

Dem entgegen steht ein Vers aus dem 2. Timotheusbrief, Kapitel 3, Vers 16: „Alle Schrift ist von Gott eingegeben und nützlich zur Lehre, zur Überführung, zur Zurechtweisung in der Gerechtigkeit ..."

Wie exakt das Wort Gottes falsche Lehren bloßstellt und überführt, zeigt sich auch bei der Behauptung, es hätte neben Christus noch andere Avatare, also „göttliche" Persönlichkeiten gegeben. Jesus selbst sagt:

„Wenn dann jemand zu euch sagen wird: Siehe, hier ist der Christus! oder da!, so sollt ihr's nicht glauben. Denn es werden falsche Christusse und falsche Propheten aufstehen und große Zeichen und Wunder tun, so daß sie, wenn es möglich wäre, auch die Auserwählten verführten" (Matthäus 24,23-24).

Jesus spricht hier von falschen Christussen und falschen Propheten, die große Wunder tun werden. Er gibt diese Voraussagen für eine Zeit, die uns schon einmal in diesem Buch im Zusammenhang mit den Wörtern *dynamis, semeion* und *teras* begegnet ist.

Ein Irrwahn, von Gott geschickt

Es ist der Zeitabschnitt vor der Wiederkunft Jesu Christi. In dieser Zeit wird sich der Widersacher, der Satan, „über alles erheben, was Gott oder Gottesdienst heißt". In dem schon einmal angeführten Text aus dem Thessalonicherbrief heißt es dann weiter, daß diese Verführung begleitet sein wird von Wundern und „Energie"-Taten und daß Gott selbst eine wirksame Kraft (Energie) des Irrwahns senden wird, „daß sie der Lüge glauben, damit alle gerichtet werden, die der Wahrheit nicht geglaubt, sondern Wohlgefallen gefunden haben an der Ungerechtigkeit" (2. Thessalonicher 2,12).

Alle, die der Wahrheit nicht geglaubt haben, verfallen einem Irrwahn, der eine besondere „Energie"-Qualität hat. Die Wahrheit finden wir in der Bibel von der ersten bis zur letzten Seite. Wer sie als einzig gültigen Maßstab ablehnt, die uns offenbarten Wahrheiten übergeht oder verfälscht, bewegt sich auf dem Wege des Irrwahns – selbst dann, wenn Wunder stattfinden, die scheinbar „göttliche" Qualität haben.

Wie wir feststellen konnten, sind Geistheilungen und

dieser Weg des Irrwahns eng miteinander verwoben. Nicht umsonst predigte in Basel der Geister-Chirug Dr. Edson Queiroz über die Gesetzmäßigkeiten in der Geisterwelt, bevor er in Trance fiel und ein Totengeist durch ihn operierte. Nicht ohne Grund spricht der berühmte englische Geistheiler Tom Johanson in seinen Seminaren über den Karma-Glauben und andere „göttliche Gesetze". Auch ist es kein Zufall, daß im „Regenbogen-Zentrum" in Hannover ein „Mehrere-Gottheiten"-Altar steht und dort gleichzeitig geistgeheilt wird.

Das Interesse an Okkultem wächst

Wenn auf den Philippinen, in Südamerika, aber auch in Afrika phänomenale okkulte Heilungswunder stattfinden, so hat das seinen Grund. In diesen Ländern verkehren Millionen von Menschen sehr intensiv mit einer Geisterwelt, die sich selbst durch Wunder bestätigt.

Dieser Geisterwelt wenden sich nun auch im christlichen Abendland immer mehr Menschen zu. Das Interesse an Übersinnlichem wächst so rasant, daß Fachleute den Trend zum Okkulten längst nicht mehr als gesellschaftliche Randerscheinung abtun. Kartenlegen, Spiritismus, Pendeln, Besprechen, Wahrsagen, Schutzzauber, Magie, Geistheilungen und östliche Mystik in verschiedener Schattierung haben Hochkonjunktur. Immer mehr Menschen sehen ihr Schicksal von den Sternen bestimmt und lassen sich Horoskope stellen.

Allein in der Bundesrepublik ist die Zahl derer, die an „weiße", also „gute Hexen" glauben, in den Jahren zwischen 1956 und 1982 von sechs auf elf Prozent gestiegen. Jeder fünfte Deutsche nimmt an, schon einmal gelebt zu haben, und rechnet fest mit einer Wiederverkörperung. Eine Menge Spezialliteratur befaßt sich mittlerweile mit der unsichtbaren Dimension und unserer Beziehung zu ihr.

Der „Esoterik-Almanach", Ausgabe 86/87, verzeichnet 4 500 Buchtitel, die zu diesen Themenbereichen auf dem deutschen Markt sind. Etliche haben Auflagen von über 100 000 Exemplaren erreicht.

Fernsehsendungen, die Übersinnliches zum Thema haben, stoßen auf so großes Zuschauerinteresse, daß die hohen Einschaltquoten die Verantwortlichen beflügeln, immer wieder neue Sendungen zu starten.

Groß in Mode:
Heilung per Handauflegung

Schon ist man dabei, „Übersinnliches" ins ganz normale Leben einzufügen. In Großbritannien dürfen etwa 30 000 Geistheiler in Krankenhäusern oder speziellen Heilzentren mit der wissenschaftlich nicht anerkannten Methode der Geistheilung Krankheiten behandeln. Selbst Königin Elizabeth ließ sich von einem Geistheiler kurieren.

Die uralte Kunst des Handauflegens hält zur Zeit auch in Amerikas Krankenhäuser Einzug. Ganz offiziell von Krankenschwestern angewendet, hat diese Form der Geistheilung dort den Namen „therapeutische Berührung". Mittlerweile sollen die heilenden Wirkungen auf Körper und Seele nachgewiesen sein.

Die teuren Untersuchungsmethoden hätte man sich eigentlich sparen können, denn schon die alten Ägypter wußten von der Übertragung der unstofflichen Energie per Hand: „Lege deine Hand auf ihn, um seine Schmerzen zu lindern, und befiehl, daß seine Leiden verschwinden", empfahlen die ägyptischen Geistheiler, überliefert im „Papyrus Ebers", einer Schriftrolle, in der sie ihre Arzneimittellehre festhielten.

Was geschieht bei der Handauflegung?

Die Heilung durch Handauflegung begegnet uns ja auch in der Bibel. Jesus selbst heilte auf diese Art, und seine Jünger taten es später ebenso. Allerdings taucht in der Bibel ein Hinweis auf, der unbedingt ernstgenommen werden muß. Paulus schreibt an den jungen Timotheus:

„Die Hände lege niemandem zu bald auf; habe nicht teil an fremden Sünden! Halte dich selber rein!" (1. Timotheus 5,22).

Der Apostel weist hier seinen Mitarbeiter darauf hin, daß bei der Handauflegung eine Übertragung besonderer Art stattfindet. Die Warnung „Habe nicht teil an fremden Sünden" ist für Timotheus ein Hinweis, zunächst einmal zu klären, was eigentlich vor der Handauflegung geschah – in seinem Fall bei der Person, der er die Hände auflegen will.

Dieselbe Frage ist aber auch an den zu stellen, der die Hände auflegt. Mit welchen Mächten steht er in Verbindung? Welche Energien läßt er fließen? Recht aufschlußreich mag folgende Bemerkung sein: Als ein Mitglied der Rockgruppe CAN, die in den siebziger Jahren recht erfolgreich war, die Pariser Wahrsagerin Madame LeBeau besuchte, waren ihre ersten Worte nach Berührung seiner Hände. „Aha, selber ein Medium!"[13] Irmin Schmidt galt als der Magier der Rockgruppe CAN, die ihre Jenseitserfahrungen musikalisch umzusetzen versuchte.

Durch Berührung der Hände geschieht also mehr, als es zunächst den Anschein hat. Der Kontakt kann Zugang verschaffen zu einer recht mysteriösen Dimension, die in Zusammenhang mit bestimmten Sünden steht.

Welche Sünden bei der Geistheilung im Spiel sein können, sollen folgende drei Thesen belegen, die wir in leicht veränderter Formulierung dem Buch „Das Okkulte" von Helge Stadelmann entnommen haben:

146

▷ Phänomene, die das raum-zeitliche und auf die Sinne angewiesene Begrenztsein des Menschen durchbrechen, werden von der Heiligen Schrift nirgends von natürlichen Möglichkeiten des Menschen her erklärt. Sie werden stets mit einer okkulten oder einer geistgewirkten, göttlichen Ursache in Verbindung gebracht.

▷ Alles okkulte Handeln und Erleben des Menschen ist untrennbar mit dem letzten Endes lebensgefährlichen Wirken dämonischer Mächte verbunden, hinter denen Satan als Verführer steht.

▷ Okkultismus, egal in welcher Form, ist schuldhafte Verstrickung des Menschen, die einen Zustand unter Gottes Gericht hervorruft. Er wirkt sich bei fortgesetztem Sündigen über Generationen hin als ein kollektiver Bann aus.[14]

Der Kontakt mit dem Jenseits hat Folgen

Wenn Menschen sich konkret mit Bereichen einlassen, die Gott mit strikten Verboten belegt hat, so hat das lebensgefährliche Konsequenzen im Großen wie im Kleinen. Welche Auswirkungen eine solche Verstrickung mit dem Okkultismus hat, mußte selbst das Gottesvolk Israel am eigenen Leibe erfahren. Stadelmann schreibt:

„Wer aufmerksam das Alte Testament liest, wird feststellen, daß das nationale Wohlergehen Israels stets mit echtem Gottesdienst und Bekämpfung des Okkulten verbunden war; nationaler Niedergang ging dagegen mit Götzendienst und magisch-mantischen Praktiken Hand in Hand. Später war das Kommen des Messias und das Anbrechen des Gottesreiches begleitet von einer parallel laufenden Zunahme des Dämonischen. Und auch für die Zeit vor dem zweiten Kommen Jesu ist eine zunehmende okkult-dämonische Überflutung in Aussicht gestellt (Mt.

24,24; Mk 13,22; 2. Thess 2,9; 1.Tim 4,1; Offb 9,20; 13,13 f; 16,13 f).“[15]

Auf einen anderen Zusammenhang, der aber durchaus auf derselben Ebene anzusiedeln ist, weist der Sozialwissenschaftler Charles Fair hin. In seinem Buch „Die Ära des Absurden“ versucht er zu belegen, daß das Irrationale in der Regel einen Umsturz ankündigt.

20 bis 30 Jahre vor einigen gewaltigen Einschnitten in der Weltgeschichte habe es jeweils eine Epoche gegeben, in der parapsychologische Phänome und religiöse Aufbrüche deutlich zu verzeichnen gewesen seien. Fair ist davon überzeugt, daß es zwischen einer solchen Epoche und der Revolution weit mehr Verknüpfungen gibt als bislang angenommen. Er belegt dies beispielsweise am Aufkommen des Mystizismus im russischen Reich zur Zeit des Mönches Rasputin. Rasputin, der einer Schamanensippe entstammte, hatte Einfluß auf die Zarenfamilie und half einem Mystizismus auf die Sprünge, der selbst höchste Regierungskreise erfaßte. Das Wirken Rasputins hatte eine Mischung aus Angst und absurden Glaubensvorstellungen zur Folge. All dies entwickelte sich vor Ausbruch der russischen Revolution.

Eine ähnliche Okkultphase ist vor Beginn der Französischen Revolution zu beobachten gewesen. Ausgehend von den Aktivitäten des deutschen Arztes Franz Anton Mesmer, den wir ja schon als wichtigen Ideenspender bei der Entwicklung des westlichen Spiritismus kennengelernt haben, bildeten sich in Frankreich bis hinein in höchste politische Kreise Spiritisten-Zirkel, die hemmungslos mit der Geisterwelt verkehrten.

Auch vor Ausbruch des Nationalsozialismus gab es in Deutschland solch einen Zeitabschnitt, in dem sich Mystizismus und Okkultismus entfalteten.

Die Geister, die nach Deutschland zogen

1905 kehrt ein Mann nach Deutschland zurück, der im Fernen Osten genau diesen Bereich ausgiebig studiert hat: die Welt der Götter, Geister und Dämonen. Schon bald blüht um den ehemaligen General Karl Haushofer eine Geheimgesellschaft auf. Ihr Name: Thule. Mitglieder dieser Thule-Gesellschaft sind auch der Journalist und Dichter Dietrich Eckhardt und der Architekt Alfred Rosenberg. Beide machen 1920 die Bekanntschaft des Gefreiten Adolf Hitler. Die beiden Thule-Männer lehren Hitler fließend zu sprechen.

Später lernt Adolf Hitler den Chefmagier der Thule-Gesellschaft kennen: Karl Haushofer. Dieser „geheime Meister" soll Hitler auch wesentliche Gedanken für sein Buch „Mein Kampf" geliefert haben. Er sorgte außerdem für die Einführung des Hakenkreuzes, das als bedeutendes Emblem ebenso im Fernen Osten, beispielsweise in Tibet, häufig anzutreffen ist.

Genau dorthin, in die Felsenklöster Tibets, schickte nicht nur die Thule-Gesellschaft ihre Eingeweihten. 1935 machte Heinrich Himmler, der Reichsführer SS, das „Forschungsamt Ahnenerbe" zu einer offiziellen Abteilung des gefürchteten „schwarzen Ordens". Das Aufgabenspektrum dieses Amtes reichte von rein wissenschaftlicher Tätigkeit über entsetzliche Experimente an und mit Menschen bis hin zum Studium okkulter Praktiken. Himmler selbst schuf als zusätzliche Spezialabteilung einen Forschungsdienst für den Bereich des Übernatürlichen und schickte Agenten wie Dr. Scheffer in die buddhistischen Felsenklöster Tibets.

Sie wußten, dort sitzen die wahren Meister in Sachen Geisterkontakt. Von der verstorbenen Chinamissionarin Isobel Kuhn wird folgendes berichtet:

Während der Hitler-Herrschaft in Deutschland seien tibetanische Mönche zu ihr gekommen und hätten sie ge-

fragt, wo Deutschland liege. Erstaunt habe sie zurückge-
fragt, warum sie dies denn wissen wollten? Die Mönche
antworteten ihr, daß ihre Geister nach dorthin abgezogen
seien!

Neben der Thule-Gesellschaft gab es in den berühmten
zwanziger Jahren noch Hunderte von anderen Sekten mit
den verschiedensten abergläubischen Richtungen.

Geistheilung als Eintrittskarte

Heute blühen solche Sekten wieder, gleich zu Tausenden
und unter dem Dach der New-Age-Bewegung. Wieder suchen Menschen Trost in mysteriösen Organisationen und
geheimnisvollen Seelentherapien. Unüberschaubar ist
mittlerweile der Psychomarkt, auf dem Übersinnliches
„in" ist. Gleich zu Millionen machen sich Menschen auf,
um über verschiedene Wege die unsichtbare Dimension
zu erreichen. Von dort erhoffen sie dann Hilfe und Heilung für Körper und Seele.

Nur allzu oft ist eine gelungene Geistheilung die Ein-
trittskarte ins Okkulte, das sich später als heimtückisches
Labyrinth erweist. Den Hilfesuchenden wird eine ge-
ballte Ladung von *dynamis, semeion* und *teras* überreicht,
ohne ihnen zu sagen, daß darin ein dämonischer Zeitzün-
der tickt. Geistheilung ist keinesfalls risikolos, obwohl
dies immer wieder beteuert wird, beispielsweise in einer
Unterschriftenaktion zur Legalisierung der Geistheilung
in Deutschland, die von Starczewskis Forschungskreis für
Radiästhesie, Esoterik und Metaphysik gestartet wurde:

„Ein Heiler mit übersinnlichen Fähigkeiten kann in einem Kranken Energien mobilisieren, welche die Abwehr-
kräfte des Körpers steigern und Gesundheitsprozesse aus-
lösen. Die risikolose Behandlung durch Handauflegen,

Gebete, Anrufungen, telepathische Kontaktaufnahme zu den geistigen Helfern beruht auf dem Glauben an transzendentale Energien."[16]

Ist die Behandlung mit transzendentalen Energien tatsächlich ohne Risiken, ohne Gefahren für Körper und Seele? Im folgenden Kapitel werden Patienten zu Wort kommen, die eine ganz andere Seite der Geistheilung erlebten. Heute sind alle froh und dankbar, daß sie den Würgegriffen der angeblich so guten jenseitigen Helfer entkommen konnten und von den „transzendentalen Energie-Ketten" befreit wurden. Einige von ihnen leiden heute noch an den Folgen der Geistheilung. Nur ungern erinnern sie sich an die Zeit zurück, in der das „Übersinnliche" ihr Leben mehr oder weniger bestimmte.

In den folgenden Schilderungen sind alle Namen von Personen und Orten geändert, um den Betroffenen einen möglichst umfassenden Persönlichkeitsschutz zu gewährleisten.

10

Geistheilung: Hände weg – Patienten berichten

Michael

Michael ist heute Mitte Zwanzig. Schon vom ersten Lebensjahr an leidet er an Epilepsie, einer Krankheit, bei der sich der Körper in plötzlichen Anfällen verkrampft. Durch die Einnahme von Medikamenten gelingt es, die körperlichen Leiden zu begrenzen, doch die seelischen Auswirkungen der Erkrankung bleiben dabei unberücksichtigt. Im Verwandten- und Freundeskreis kommt Michael nicht zurecht, da er sich völlig unverstanden fühlt. Auch in der Schule hat er Schwierigkeiten, weil er nervlich den Schulstreß nicht bewältigt. Als seelisches Wrack landet er durch Vermittlung der Eltern bei einem bekannten Geistheiler, der heute noch viele prominente Sportler aus der Weltski-Elite betreut. Dieser Geistheiler behandelt Michael nach dem mesmerischen Heilmagnetismus, bei dem er im Abstand von zehn Zentimetern mit beiden Händen am Körper vorbeistreicht. Michael verspürt während der Behandlung eine wohlige innere Wärme und seelische Ausgeglichenheit. Der Geistheiler erklärt ihm, daß er mit seinem inneren Auge die Ursachen der Erkrankungen erkennen könne. In einem nächsten Schritt würde er Diener aus dem Jenseits herbeizitieren, die ihm dann mitteilten, wie er bei der Heilung vorzugehen habe.

Obwohl Michael über zwei Jahre bei ihm in ständiger

Behandlung ist, teilweise über Fernheilung, bessert sich sein Zustand nur vorübergehend. Immer wieder tauchen schwere seelische Tiefs auf, die der Geistheiler stets aufs Neue behandeln muß. Den jungen Mann führen die kurzzeitigen Erfolge und die anschließenden schweren Rückschläge nur noch tiefer in psychische Probleme hinein.

Nach Auseinandersetzungen mit den Eltern zieht er von zu Hause aus und versucht, obwohl arbeitslos, sein Leben selbst in den Griff zu bekommen.

Eines Abends schlendert Michael gelangweilt durch eine Straßenunterführung seiner Stadt, wo er die Entdeckung seines Lebens macht:

„Ich stieß beim Durchspazieren auf eine Glasvitrine, da drin stand geschrieben: ‚Am Anfang war das Wort. Und das Wort war bei Gott.‘ Nochmals: ‚Am Anfang war das Wort. Und das Wort war bei Gott.‘ Irgendwie dachte ich mir: Was bedeutet das überhaupt? Und ich ging weiter, wußte aber, daß ich etwas gelesen hatte, was für mich sehr wichtig war – für mein späteres Leben, für die nähere Zukunft. Ich ging nach Hause und bereitete mir das Abendbrot zu. Und wie ich da so am Kochherd stand, überlegte ich mir: Am Anfang war das Wort. Und das Wort war bei Gott. Ich kam auf kein vernünftiges Resultat diesbezüglich, und ich ging noch einmal dorthin, am gleichen Abend. Ich schaute mir den Satz an und überlegte und überlegte, kam aber nicht auf die richtige Lösung. Dann hatte ich aber die Adresse gesehen, wo man sich mit christlichen Fragen hinwenden konnte. Da habe ich dann angerufen, und der Mann war sofort bereit, über meine Schwierigkeiten und meine allgemeinen Fragen zu diskutieren. Ich suchte ihn am kommenden Tag auf, und wir haben über meine Schwierigkeiten gesprochen. Ich habe ihm erzählt, daß ich auch mit Geistheilung in Kontakt gekommen sei, daß man mir Hände aufgelegt hätte usw. und mir prophezeit hätte, ich würde jetzt freikommen von Epilepsie. Das hat sich keineswegs bewahrheitet.“

Michael sucht diesen Mann, der ihm von Jesus Christus erzählt und mit ihm betet, noch einige Male auf und erkennt, daß sein bis dahin verpfuschtes Leben nur von einem auf die richtigen Gleise gebracht werden kann: von Jesus Christus. Nachdem er sich ganz und gar Jesus anvertraut hat, spürt er zum ersten Mal in seinem Leben eine wirkliche Wende. Diese Wende vollzieht sich noch deutlicher, als Michael einen christlichen Arzt und Seelsorger aufsucht. Nach sorgfältiger Klärung der Vergangenheit entschließt sich der erfahrene Mediziner, auf Michaels Geistheilerkontakte einzugehen.

Durch die magnetopathische Behandlung ist der junge Mann mit einem Geisterreich in Verbindung geraten, das nach biblischer Beurteilung als satanisch zu bezeichnen ist. Jeglicher Kontakt des Menschen mit dem satanischen Geisterreich führt in der Regel dazu, daß er nun ganz besonders von dort beeinflußbar wird. Dies kann an Stärke und Ausprägung recht unterschiedlich sein. Hans Rohrbach schreibt:

„So gewaltig sich die Macht Satans in all diesen Möglichkeiten seines Einflusses erweisen kann – ohne daß außer bei der erstgenannten eine Besessenheit vorliegt! – es gilt dennoch: Nichts davon kann bestehen, sobald es vor Jesus gebracht wird. Satan ist überwunden. Jesus hat ihn im Kampf am Kreuz besiegt. Die Macht des Namens Jesu und die Kraft des Blutes Jesu sind stark genug, um jeden noch so gewaltigen Einfluß Satans zu brechen."[1]

Mit der Gewißheit dieser Macht des Namens und der Kraft des Blutes Jesu Christi spricht sich Michael unter Anleitung des Seelsorgers von allen okkulten Bindungen los.

Von da an geht es in Michaels Leben in mächtigen Schritten voran. Die gravierenden seelischen Schwierigkeiten klingen ab, sein Verklemmtsein löst sich, so daß er in der Lage ist, mit Erfolg neue Freundschaften aufzubauen. Selbst die Epilepsie ist nach der etwa zwei Jahre dauernden Betreuung des Arztes auf ein Minimum zurückgegangen, das nur noch die Einnahme von leichten Medikamenten erfordert.

Michael sagt heute: „Hände weg von jeglichen Geistheilern. Es gibt nur einen Geistheiler, das ist Jesus Christus. Es gibt nur einen Weg, der zum Erfolg führt, und das ist der Herr Jesus Christus."

Bärbel

„Hände weg!" sagt heute auch die achtundzwanzigjährige Bärbel, obwohl sie eine Geistheilung erlebte, die den Charakter eines echten Wunders hatte. Als Kind geriet sie mit dem Fuß zwischen zwei Baumstämme und verletzte sich schwer. Die Mutter suchte keinen Arzt auf, sondern bemühte eine alte Geistheilerin: „Die hat sowas gesprochen und so rumgetan. Und dann ging's lang gut, ich hatte keine Schmerzen und nichts mehr." Doch eines Tages tauchen die Beschwerden – wie aus dem Nichts kommend – wieder auf. Die Verletzung aus der Kindheit macht sich so stark bemerkbar, daß Bärbel nicht mehr auf dem Fuß stehen kann. Die plötzliche Rückkehr und die dramatische Entwicklung haben ihren Grund.

Bärbel ist bei dem Seelsorger in Betreuung, der auch schon Michael behandelte. Doch nicht wegen der Geistheilung an ihrem Fußgelenk, sondern wegen ihrer langjährigen Verstrickung in okkulte Praktiken und Spiritismus. Als der Seelsorger mit einem Team den Kampf gegen die satanischen Mächte aufnimmt, die zum Teil aus dem Mädchen heraus sprechen, taucht auch die Kindheitsverletzung wieder auf und beginnt, sich zu verschlimmern. Als das Mädchen nach langem Gebetskampf im Namen Jesu von den satanischen Mächten freikommt, haben die

Beschwerden so zugenommen, daß eine Operation unumgänglich ist. Der Seelsorger, gleichzeitig Arzt, stellt fest, daß ein Band am Sprunggelenk des Fußes gerissen ist. Genau diesen Defekt hatte die Geistheilerin in Bärbels Kindheit wohl zu heilen vermocht. Die Befähigung dazu hatte sie von jemandem erhalten, der es eigentlich auf die Seele des Menschen abgesehen hatte. Dabei war er sehr geschickt vorgegangen. Bärbel schildert es heute so: „Das ist wie ein Faden. Einen Faden kann man noch zerreißen. Zwei Fäden vielleicht auch noch. Dann kommt man auch noch raus. Aber wenn man dies und das betreibt, dann ist es wie ein Strick; man ist gebunden und kommt selbst nicht mehr raus. Und ich bin überzeugt, wenn Gott mir nicht Leute in den Weg gestellt hätte, wäre ich heute auch nicht hier."

Dr. B.

Mit welchen Fäden der Widersacher Gottes versucht, Menschen an sich zu binden, zeigt der Bericht von Dr. B. und seiner Frau Susanne. Dr. B. arbeitet heute als Zahnarzt und hat mit zwei Kollegen etwa 25 000 Einwohner zahnärztlich zu versorgen. Bedingt durch die große Anzahl der zu behandelnden Patienten, geriet Dr. B. mehr und mehr in einen mörderischen Berufsstreß hinein.

Ehefrau Susanne, seit Jahren mit dem autogenen Training vertraut, riet ihm daraufhin, es doch auch einmal mit dieser Art von Entspannungsübungen zu versuchen.

Gemeinsam besuchten sie einen Kursus, in dem es schon bald um mehr ging als nur darum, innerlich ruhig zu werden und die Muskeln zu lockern:

„Wir gingen in dieses Training, da waren etwa 20 bis 30 Leute in einem Saal. Wir mußten im Trainingsanzug erscheinen und eine Wolldecke mitnehmen, weil sich das autogene Training am Boden abspielt. Der Übungsleiter hat uns dann eingeführt, und dann begannen die Übungen. Wir mußten uns etwas einbilden oder etwas vorsagen, wie ‚es wird immer wärmer‘ usw. Es war ein kombiniertes Programm. Autogenes Training war ein Teil, und dann flocht der Übungsleiter immer noch gewisse andere Sachen ein, zum Beispiel das Pendeln und dann die Mantras und dann die Runen. Mantras sind Silben oder Worte, die durch Wiederholung dazu dienen, den Geist zu zentrieren. Sie werden zur Meditation und zu magischen Handlungen benutzt. Runen haben eine ähnliche Wirkung. Sie sind gewisse Laute, die Schwingungen erzeugen. Das alles mußten wir üben. Er sang das vor, und ich merkte sofort, da sind Kräfte vorhanden, die ich gar nicht kannte. Er hat uns dann auch erzählt, woher das kommt: von alten Völkern, und daß es eine bestimmte Anzahl von Runen gibt. Die stärkste ist die MAN-Rune. Es war auch die Rune, die er als Schlußpunkt benutzte, um mich als Schwerster in der Gruppe zu heben. Vielleicht kann ich das Experiment schnell einmal beschreiben:

Der Übungsleiter sagte, wir nehmen den Schwersten, und das war ich mit meinen 105 Kilo. Ich mußte mich auf einen Stuhl setzen, und alle anderen Teilnehmer mußten sich um mich herumstellen. Und dann wählte er meine Frau aus und noch zwei andere zierliche Frauen, die zu den körperlich Schwächsten gehörten. Sie mußten mit ihm zusammen jeweils einen Zeigefinger unter meine Achseln legen und in meine Kniekehlen. Alle sangen die MAN-Rune, und die Schwingungen wurden stärker und stärker. Dann hat er plötzlich gesagt: ‚Jetzt stimmt's!‘ Er wußte, jetzt sind die Schwingungen so stark, jetzt können wir den Mann nehmen. Ich fühlte mich schwerelos und hatte das Gefühl, ich könnte wegfliegen, so leicht. Und diese Frauen und er hoben mich ohne Schwierigkeiten hoch, über Kopfhöhe, und ließen mich eine Weile oben, während die Runde ständig die MAN-Rune sang. Darauf wurde ich wieder hinuntergelassen. Er machte irgend etwas, und die Schwere kam wieder zurück. Das war für mich ein unheimliches Erlebnis."

Statt ihn von den Streßfolgen zu befreien, bewirkte das autogene Training bei Dr. B. nur noch Schlimmeres:

„Ich bin so in die Sache hineingeschliddert, ohne daß ich es merkte. Als ich es merkte, war es bereits zu spät. Bei mir stellten sich unheimliche Depressionen ein. Ich hatte nur noch Ruhe, wenn ich arbeitete. Wenn ich nach Hause kam – meine Angewohnheit ist es, mich mittags eine halbe Stunde zur Entspannung hinzulegen – begann der innere Terror. Depressionen, Todesvorstellungen – immer schwarz und Tod und ‚Warum gehst du noch arbeiten, du stirbst sowieso gleich!' – die schlimmsten Sachen. Ich hatte eine Stimme in mir, die sagte die wildesten und verrücktesten Sachen."

Der Kursleiter des autogenen Trainings brachte Dr. B. mit jenseitigen Kräften in Verbindung, die bei dem Zahnarzt zu katastrophalen Reaktionen führten. Der Übungsleiter stand mit indischen Gurus in Kontakt und konnte auch in die Vergangenheit hellsehen und Materialisationen vornehmen, beispielsweise eine Flamme von einer Kerze auf eine andere setzen, ohne Hand anzulegen. Er erklärte, daß er sich dabei guter Geister aus dem Jenseits bediene, zu denen er intensiven Kontakt habe. Der Anschluß an diese „gute Geisterwelt" führte Dr. B. fast an den Rand des Wahnsinns, so daß er den Kursus abbrechen mußte. Obwohl Frau Susanne B. das autogene Training für sich sehr positiv empfand, folgte sie dem Entschluß des Ehemannes und beendete ebenfalls den Kursus. Doch damit waren die Fäden zur jenseitigen Welt noch nicht gekappt.

Als eines Tages der Bruder von Dr. B., ein gläubiger Christ, zu Besuch kam, sagte er ganz spontan: „Mir ist in euerem Haus nicht wohl." Dr. B.: „Ich deute das heute so: Mein Bruder merkte einfach, daß in diesem Haus eine unsichtbare Welt verkehrte."

Auf welche Weise diese unsichtbare Welt reagieren kann, erfuhr Frau B., als ihr Schwager den Namen „Jesus Christus" aussprach. „Ich kann Ihnen das eigentlich nicht beschreiben. Es war so, als wenn ich in der Luft wäre, oder so. Als wenn ich mich fast auflösen würde. Mir ging so eine Welle durch den ganzen Körper, als er diese Worte aussprach. Das war ganz komisch."

Dieses Erlebnis von Frau B. ist nicht außergewöhnlich. Schon viele Menschen haben erfahren, daß der Name Jesus Christus eine jenseitige Welt in Angst und Schrecken versetzt, die dann auch in entsprechender Weise reagiert. Nicht, weil er eine magische Wirkung hat, sondern weil dieser Jesus Christus auch heute noch Menschen von satanischen Mächten befreien kann. Und das wissen die Vertreter der Finsternis sehr genau und zittern.

Heute sind Herr und Frau B. gläubige Christen. Sie sind froh, den Schritt zum Glauben an Jesus Christus getan zu haben. Sie haben erfahren, daß Krakenarme aus einer satanischen Welt sie gefangen hielten, man aber von ihnen freikommen kann. Die Befreiung zeigte sich nicht von heute auf morgen. Es war ein längerer Prozeß, der von vielen Gebeten gläubiger Christen begleitet wurde. Beide haben jedoch erleben können, daß Jesu Behauptung in Matthäus 28, Vers 18, wahr ist: „Mir ist gegeben alle Gewalt im Himmel und auf Erden."

Jesus Christus kann Menschen selbst aus den schlimmsten satanischen Verstrickungen befreien, wie unsere nächste Lebensbeschreibung zeigen wird.

Christine

Christine ist heute Anfang vierzig und lebt sehr zurückgezogen auf einem einsamen Bauernhof in den Bergen. Ihre Geschichte wird an vielen Stellen unglaublich klingen – trotzdem ist sie wahr!

Christine wuchs in einer Familie auf, in der sich der Vater und die Großmutter okkulten Praktiken verschrieben hatten. Beide waren Meister im Umgang mit übersinnlichen Kräften, besonders die Großmutter, die sich auflösen und an anderen Orten wieder materialisieren konnte. Dieses Phänomen, das nach Auffassung von Okkult-Fachleuten wie Werner F. Bonin in Europa kaum vorkommt, ist im Okkultismus tibetanischer Prägung nichts Außergewöhnliches.

Schon sehr früh versuchten die beiden, Christine in die okkulte Praxis einzuführen, indem sie das Kind satanischen Mächten weihten. Mit deren Hilfe waren sie auch in der Lage, Hellzusehen und Geistheilungen vorzunehmen. Im Alter von etwa 10 Jahren schlitzte sich Christine durch den Sturz von einer Rampe ein Bein mit einer Mistgabel auf. Ihr Vater versetzte sie in einen Trancezustand. Als Christine aufwachte, war die Wunde – ähnlich wie bei dem Experiment mit Dshuna – geschlossen!

Schon bald wurde das junge Mädchen zum festen Mitglied einer Vereinigung, die hinter verschlossenen Türen abscheulichste Satansorgien feierte und mit der jenseitigen Welt der Geister auf du und du stand. Christine mußte sich zwei Tage in einen Sarg legen und erlebte, wie sie heute sagt, sehr intensiv den direkten Kontakt mit den Geistern.

All dies war nichts anderes als eine schamanistische Einweihung durch die Welt der Geister, so, wie sie sich auch in anderen Ländern ereignete, beispielsweise bei den Tungusen in Rußland. Verwunderlich ist deshalb auch nicht, daß Christine Gegenstände wie Nägel oder glühende Kohlen schlucken konnte, ohne sich zu verletzen.

Je mehr sie die Einweihungsleiter emporkletterte, um so phänomenaler wurden die Wundertaten, zu denen sie in der Lage war. Selbst das Sich-Auflösen und Materialisieren war für sie zum Schluß fast normal. All das geschah mit Hilfe von satanischen Geistern, mit denen die Vereinigung einen hemmungslosen Verkehr pflegte. Meistens waren es „Verstorbene". Natürlich nahm Christine auch erfolgreiche Geistheilungen vor, die sie mit Hilfe der Großmutter durch Handauflegungen, Pendeln und Beschwörungen durchführte.

Doch die Angst vor ihrem Vater und die fürchterlichen sexuellen Entgleisungen während der Jenseitsbeschwörungen, die bis hin zum Verkehr mit Tieren führten, ruinierten das junge Mädchen so sehr, daß es beschloß, von zu Hause fortzulaufen.

Sie kommt zu frommen Pflegeeltern, bei denen sie zum ersten Mal mit dem Glauben an Jesus Christus konfrontiert wird. In Christine entsteht ein Verlangen, diesen Jesus kennenzulernen. „Ich habe so eine Sehnsucht gehabt, Jesus kennezulernen, aber ich konnte nicht. Meine Pflegeeltern haben mit mir damals eine schlimme Zeit erlebt. Vielmals konnte ich am Sonntag im Gottesdienst die Predigten nicht aushalten und lief einfach raus. Da war so eine Macht in mir, ich konnte einfach nicht sitzen bleiben. Ich habe dann geweint und gebrüllt wie ein Tier. Es war einfach schlimm. Meine Pflegeeltern waren wirklich fast am Verzweifeln. Mein innerstes Verlangen war, mit Jesus in Kontakt zu kommen, aber es ging einfach nicht. Ich konnte auch nicht beten."

Auch spätere Versuche, zum Glauben zu finden, scheitern. Als Christine versucht, in der Bibel zu lesen, erlebt sie die Kraft der Jenseitsmächte: „Wenn ich die Bibel lesen wollte, war sie plötzlich weg. Oder wenn ich einen Text lesen wollte, war er einfach nicht mehr da. Ich sah nichts mehr."

Durch die Vermittlung einer gläubigen Frau kommt Christine zu dem Seelsorger, der schon Michael, Bärbel und das Arztehepaar betreute.

Über zwei Jahre dauerte es, bis Christine ganz und gar von den satanischen Mächten frei werden konnte. Sie erfuhr am eigenen Leibe, daß Jesus Christus auch heute noch Sieger über Hölle, Tod und Teufel ist. Der 25. Oktober 1982 war nicht nur der Tag, an dem sie die letzten satanischen Fesseln abschütteln konnte, seit diesem Tag verloren sich auch alle okkulten Fähigkeiten.

Heute ist Christine ein gelöster und fröhlicher Mensch. Auf die Frage, ob sie anderen raten würde, zu Geistheilern zu gehen, antwortet sie: „Überhaupt nicht anfangen!" Sie kennt den wahren Hintergrund der Wunderheilungen. Er ist immer gleich. Wer eine jenseitige Welt bemüht und von dort ein Wunder erwartet, muß damit rechnen, daß er von Mächten eingefangen wird, die ihn nicht mehr loslassen. Er wird von ihnen mehr oder weniger kontrolliert. Man wird zur Marionette, deren Fäden mit eiserner Hand von dem geführt werden, der den Menschen bis in alle Ewigkeit hinein schaden möchte.

Christine sagt heute, daß sie durch die Vererbung der okkulten Fähigkeiten von Kindesbeinen an gar nicht wußte, was eigentlich ein normales Leben ist. Erst nachdem sie ihr Leben Jesus Christus anvertraute, lernte sie ein völlig neues Lebensgefühl kennen: „Das war wie bei einem Kind, ein Neuanfang. Wenn ich mein Leben noch einmal von vorne beginnen könnte, würde ich gleich vom ersten Tag an nur mit Jesus leben wollen."

Ihre neue Lebenssituation faßt sie in einem Bibelvers zusammen, der in Galater 2, Vers 20, steht: „Ich lebe, doch nicht ich, sondern Christus lebt in mir. Denn was ich jetzt lebe im Fleisch, das lebe ich im Glauben an den Sohn Gottes, der mich geliebt hat und sich selbst für mich dahingegeben hat."

Schluß

Bei der Untersuchung der Geistheilungen springt eine Tatsache immer wieder ins Auge: Es sind die Gemeinsamkeiten, in die fast alle Wunderheilungen eingebettet sind. Geistheiler überall auf der Welt bestätigen, daß sie ihre Heilkräfte aus einer unsichtbaren Dimension beziehen, die belebt ist. Manche sagen, Gott bediene sich ihrer auf wunderbare Weise. Die meisten glauben, daß Engel oder Geister von Verstorbenen dahinter stecken. Wiederum andere sind der Meinung, es sei die Allenergie, die alles durchströme. Der Heiler selbst sei nur das Medium, der Kanal für die geheimnisvollen Kräfte, die bis heute wissenschaftlich nicht nachgewiesen werden konnten.

Nach biblischer Beurteilung ist es äußerst fraglich, ob diese Heilkräfte letzten Endes „gute" Heilkräfte sind, die von Gott selbst stammen.

Für Gott sind Jenseitskontakte wie Totenbefragungen oder Wahrsagungen durch Geister ein Greuel. Unmißverständlich macht die Bibel deutlich, daß alles okkulte Handeln und Erleben des Menschen untrennbar mit der Wirksamkeit dämonischer Mächte verbunden ist. Diese dämonischen Mächte können hervorragend schauspielern und treten stets mit neuen Kostümen in immer wieder anderen Rollen auf. Im 1. Timotheusbrief, Kapitel 4, Vers 1, heißt es: „Der [Heilige] Geist sagt ausdrücklich, daß in späteren Zeiten manche vom Glauben abfallen werden, indem sie auf verführerische Geister und Lehren von Dämonen achten ..."

Diese Geister und Dämonen gehören zu jener Truppe, deren Oberbefehlshaber mit Wundertaten nicht kleinlich ist, wenn Menschen auf seine Lehren achten. Der Widersacher Gottes versucht mit allen Mitteln zu verhindern, daß Menschen die wirkliche Wahrheit finden.

Genau darum sind die Wunderheilungen unserer Tage eingebettet in ein Glaubenssystem, in dem der Gott der Bibel und sein Erlösungswerk durch seinen Sohn Jesus Christus keinen Platz haben.

Die grundlegenden Elemente dieses Glaubenssystems werden exakt von derselben Adresse geliefert, von der auch die phänomenalen Heilenergien stammen. Es ist eine Deckadresse, damit die Betroffenen ja nicht merken, wer in Wirklichkeit dahinter steckt. Erst dann, wenn diese Deckadresse enttarnt wird, zeigt sich das wahre Gesicht, wie bei Bärbel und Christine. Es ist die grausig grinsende Fratze desjenigen, der mit seinen Helfershelfern Menschen möglichst bis in alle Ewigkeit hinein schaden möchte: mit Lug und Betrug.

Erst nach ihrem Tode werden Millionen von Menschen mit Entsetzen feststellen, daß es doch keine Wiederverkörperung gibt. Die nächste Station wird nicht erneut die Erde sein, sondern der Richterstuhl Gottes. In der Offenbarung des Johannes steht, daß dann Bücher aufgetan werden, um festzustellen, ob man zu den Kindern Gottes gehört. Der Weg der Selbsterlösung wird sich dann als Weg in die ewige Gottesferne herausstellen. Die Offenbarung spricht von einem Feuersee, in den alle die hineingeworfen werden, die nicht im Buch des Lebens stehen. Dort werden sie auf den treffen, der sie zu Lebzeiten raffiniert verführt hat: „Und der Teufel, der sie verführte, wurde in den Feuer- und Schwefelsee geworfen ..." (Offenbarung 20,10)

Diese Verführung findet heute in einem ganz großen Stil statt. Immer mehr Menschen wenden sich einer übersinnlichen Welt zu, aus der verlockende Hoffnungslichter blinken. Eines davon heißt Geistheilung. Es blinkt besonders hell. Und das hat seinen Grund.

Viele Menschen kommen erst durch Krankheiten, Leiden oder den dicht bevorstehenden Tod zur Besinnung. Die meisten benötigen so ein „Abstellgleis", damit sie Zeit finden, über sich und ihr Leben nachzudenken. Herausrangiert aus dem hektischen Alltagsbetrieb, werden sie darauf aufmerksam, daß dem Erdendasein Begrenzungen gesetzt sind. Diese Feststellung aktiviert das in jedem Menschen fest verankerte Wissen um einen größeren Zusammenhang, in den das Menschenleben hineingestellt ist. Es ist das nebelhafte Ahnen, daß es doch einen Gott gibt.

Nach der Bibel ist der Tod des Menschen in einem direkten Zusammenhang mit der menschlichen Sünde zu sehen. Krankheit und Leid sind die Vorboten, die Vorstufen des Todes. Und so steht auch die Krankheit des Menschen in Verbindung mit der Sünde.

Das „Biblisch-Historische Handwörterbuch" definiert:

„Krankheit (hebr. Holi u.ä., gr. astheneia, malakia, nosos), in der Bibel keine pathologisch-physiologische Lebenserscheinung (gegen welche mit ärztlichem Wissen und Medikamenten gekämpft wird), sondern Folge der Sünde und Merkmal der zerstörten Schöpfungsordnung. Sünde, Krankheit, Leiden, menschliches Elend, Plage und Tod gehören deshalb zusammen."[1]

Die generelle Abkehr von Gott hatte und hat immer noch für den Menschen katastrophale Auswirkungen. Hans Mallau schreibt über die Folgen des Sündenfalls:

„Der erste oder Hauptfluch Gottes traf den Menschen in seiner gottverbundenen Existenz. Gott entzog dem Sünder seine Gemeinschaft und trieb ihn von seinem Angesicht. Die Sünde wurde zu einer unüberbrückbaren Kluft zwischen Mensch und Gott ...
Der zweite Fluch traf den Menschen in seiner irdisch-leib-

lichen Existenz. Der gefallene Mensch wurde durch die Sünde ein sterblicher, ein Kind des Todes, ein lebenslänglicher Knecht der Todesfurcht. Der Tod trat auf Erden sein Schreckensregiment an mit seinem Heer grausiger Begleiter: Schmerz, Wunden, Blutvergießen, Krankheiten, Gebrechen, Siechtum und Sterben. ‚Der Tod ist der Sünde Sold!‘"[2]

Tod, Krankheit und Leiden weisen uns eigentlich darauf hin, daß wir eine gestörte Beziehung zu Gott haben. Der Arzt und Seelsorger Dr. Paul Tournier formuliert es treffend:

„Gott hat einen Plan für unser Leben, wie er einen Plan für diese Welt hat. Und wie die Welt heute krank ist, weil sie den Gesetzen Gottes nicht gehorcht, so sind auch die Menschen krank, weil sie nicht nach dem Plan Gottes leben."[3]

Krankheit und Tod sind auch Schilder, die uns drastisch zeigen, auf welchem Weg wir uns in Wahrheit befinden: weg von Gott und hin zum ewigen, schmerzlichen Tod. Gleichzeitig sind es aber auch Warnschilder, die uns mit Nachdruck auffordern, doch auf diesem verkehrten Lebensweg noch rechtzeitig umzukehren, den Aufenthalt auf dem Abstellgleis zu nutzen, um von dort einen neuen Weg einzuschlagen.

Dieser neue Weg bedeutet Buße (Umkehr), das Bekennen der eigenen Schuld und die Hinwendung zu Jesus Christus, dem persönlichen Erretter von Sünde und Tod.

Nicht umsonst sind die Heilwunder unserer Tage Richtungsschilder, die auf einen ganz bestimmten religiösen Weg hinweisen. Nicht umsonst finden wir bei den schamanistischen Heilern der Vergangenheit und den Wunderheilern von heute die enge Verknüpfung von Gesundwerden und ganz bestimmten Glaubensvorstellungen. Mit der Lehre von der Wiederverkörperung, dem Karma-Gedanken und dem Weg der Selbsterlösung versuchen die angeblich so guten Geister, den einzigen, wahren Gott zu verschleiern.

Dieses hinterlistige Spiel dient nur einem Zweck: Menschen auf ihrer Suche nach Gott abzulenken und in die Irre zu führen. Deshalb muß auch ein betörendes Feuerwerk von Wundern her, um Menschen zu faszinieren. Sie sollen nämlich die Wahrheit und ihr persönliches Seelenheil unter keinen Umständen finden. Die Wahrheit lautet: „Ich bin der Herr dein Gott ... Du sollst keine anderen Götter haben neben mir" (2. Mose 20,2-3), und: „Ich bin der Herr, dein Arzt" (2. Mose 15,16). Dieser Arzt möchte Menschen gesund machen an Leib und Seele, und zwar nicht nur im Hier und Jetzt, sondern bis in alle Ewigkeit hinein. Ja, *auch* schon jetzt und hier auf der Erde. Und er heilt so, wie vor 2000 Jahren sein Sohn geheilt hat: ohne „Methode":

▷ Gott heilt, wen er will.
▷ Gott heilt, wie er will.
▷ Gott heilt, wo er will.
▷ Gott heilt, wann er will.

Gott wirkt auch heute noch Heilwunder, ohne Frage! Im 5. Kapitel des Jakobus-Briefes werden uns allerdings eindeutige Hinweise gegeben, in welchem Rahmen sie stattfinden sollen. Dort heißt es ab Vers 14:

„Ist jemand unter euch krank, der rufe zu sich die Ältesten der Gemeinde, daß sie über ihm beten und ihn salben mit Öl in dem Namen des Herrn. Und das Gebet des Glaubens wird dem Kranken helfen, und der Herr wird ihn aufrichten; und wenn er Sünden getan hat, wird ihm vergeben werden. Bekennet also einander eure Sünden und betet füreinander, daß ihr gesund werdet.
Des Gerechten Gebet vermag viel, wenn es ernstlich ist."

Diese Textstelle nahm ein Mann aus Norddeutschland ernst, der mit Blasenkrebs im Krankenhaus lag. Er rief seinen Pastor ans Krankenbett mit der Bitte, für ihn zu beten. Dieser Gemeindepastor vertraute ebenfalls auf die Hilfe Gottes und kam mit einem Amtsbruder und einigen anderen Christen zu dem Krebskranken. Nach einem seelsorgerlichen Gespräch und Gebeten nahmen die evangelischen Geistlichen eine Salbung nach der „Jakobus-Empfehlung" vor. Der Mann wurde ohne Operation gesund. Heute bezeugt er fröhlich seinen Glauben und das, was Gott an ihm getan hat.

Die beiden Pastoren richteten ihre Gebete nicht an eine Geisterwelt, sondern an den einen, persönlichen Gott. Sie rechneten mit Gottes Hilfe, der in diesem Fall ein Wunder geschehen ließ. Solche Wunder sind durchaus keine Einzelfälle. Nicht immer handelt Gott allerdings auf so „wunderbare" Weise. Er läßt sich keine bestimmte Methode vorschreiben. Gott handelt so, wie es für den einzelnen am besten ist.

Gott möchte jeden Menschen von Grund auf heil machen. Dies umfaßt aber weitaus mehr als nur körperliche Heilung. Bezeichnenderweise wird im Neuen Testament das Wort für „Heilung" von Krankheiten (soteria) auch für „das Heil", also die ewige Seligkeit, verwendet. Gottes Heil, Gottes Rettung, gilt also für den ganzen Menschen von Kopf bis Fuß, vom Geburtstag bis in die Ewigkeit, für Körper, Seele und Geist. Dieses Heilwerden beginnt mit dem Glauben an Jesus Christus, der die eigentliche Ursache aller Schwachheit und Krankheit beseitigte.

„Der unsere Sünden selbst hinaufgetragen hat an seinem Leibe auf das Holz, damit wir, der Sünde abgestorben, der Gerechtigkeit leben. Durch seine Wunden sind wir heil geworden" (1. Petrus 2,24).

„Fürwahr, er trug unsre Krankheit und lud auf sich unsere Schmerzen" (Jesaja 53,4).

Nur ER, Jesus Christus.

Anmerkungen

1. Kapitel

[1] Skambraks, Ulrich, „Blanker Spiritismus", Filmkritik in *idea spektrum*, Nr. 47 vom 20. 11. 1985
[2] Bonin, Werner F., *Naturvölker und ihre übersinnlichen Fähigkeiten*, München 1986, S. 121f.
[3] Stelter, Alfred, *PSI-Heilung*, München 1984, S. 276
[4] „Über ihrem Kopf ein Leuchten", in *Der Spiegel*, Nr. 17 vom 20. April 1981, S. 134

2. Kapitel

[1] Brier, Robert, *Zauber und Magie im alten Ägypten*, München 1980, S. 55
[2] Lissner, Ivar, *So lebten die Völker der Urzeit*, Olten 1958, S. 240

3. Kapitel

[1] Bonin, Werner F., a.a.O., S. 56f.
[2] ebenda, S. 60
[3] ebenda, S. 61
[4] Lissner, Ivar, a.a.O., S. 233
[5] ebenda, S. 246
[6] Lommel, Andreas, *Schamanen und Medizinmänner*, München 1980, S. 52-53
[7] ebenda, S. 57
[8] ebenda, S. 57
[9] ebenda, S. 76
[10] ebenda, S. 77
[11] ebenda, S. 79f.
[12] ebenda, S. 81

[13] Bauer, Wolfgang; Dümotz, Irmtraud; Golowin, Sergius, *Lexikon der Symbole,* Wiesbaden 1980, S. 531

4. Kapitel

[1] Lommel, Andreas, a.a.O., S.16

5. Kapitel

[1] Rohrbach, Hans, *Unsichtbare Mächte und die Macht Jesu,* Wuppertal 1985, S. 36f.
[2] ebenda, S. 56
[3] Gaebelein, Arno Clemens, *Die Welt der Engel,* Neuhausen-Stuttgart 1986, S. 15
[4] Rohrbach, Hans, a.a.O., S. 42
[5] Gaebelein, Arno Clemens, a.a.O., S. 26
[6] ebenda, S. 14
[7] Thiessen, Henry Clarence, „Die Lehre von den Engeln", in *Bibel und Gemeinde* Nr. 3/81, S. 259

6. Kapitel

[1] Stadelmann, Helge, *Das Okkulte,* Gießen 1981, S. 41f.
[2] ebenda, S. 41
[3] Kremer, Emil, *Geöffnete Augen,* S. 12 (zu beziehen bei: Frl. Maria Kuhn, D 7022 Leinfelden, Schönbuchstr. 37)
[4] Frenzel, H. A. und E., *Daten deutscher Dichtung, Band I: Von den Anfängen bis zur Romantik, München 1970, S. 153f.*
[5] Skambraks, Ulrich, „Übersinnliches ist in", Interview mit Michael Ende, in *idea spektrum,* Nr. 42 vom 15. Oktober 1986

7. Kapitel

[1] „Was das Fernsehen nicht zeigte", Artikel über die ZDF-Geistheiler-Sendung vom 9. Oktober 1986, in *Das goldene Blatt* vom 15. 10. 1986, S. 5

[2] „Probe aufs Exempel – gesund durch Gedanken-Energie", Fernsehsendung des Zweiten Deutschen Fernsehens vom 9. Oktober 1986. (Ein Abdruck des gesamten Textes wurde dem Verlag leider nicht gestattet.)

[3] „Was das Fernsehen nicht zeigte", a.a.O., S. 5

[4] *esotera*, Nr. 12/86, S. 4

[5] „Das ist gefährlicher Unfug", *stern*, Nr. 43 vom 13. Oktober 1986, S. 33

[6] Korte, Ilse, „Die Medien-Schule", in *esotera*, Nr. 10/86, S. 36

[7] ebenda

[8] *Lexikon der Symbole*, a.a.O., S. 532

[9] Hoheisel, Karl, „Glaube an die Seelenwanderung im Frühen Christentum", in *Materialdienst der Evangelischen Zentralstelle für Weltanschauungsfragen*, Nr. 7/1986, Seite 190

[10] Skambraks, Ulrich, „Die Geist-Falle", in *idea spektrum* vom 15. Januar 1986

8. Kapitel

[1] Tourinho, Nazareno, *Dr. med. Edson Queiroz*, Melsbach/Neuwied 1986, S. 38f.

[2] ebenda, S. 91f.

[3] Nitsche, Walter, „Geistige Heilung", in *factum*, Ausgabe Mai 1986, S. 17

[4] Tourinho, Nazareno, a.a.O., S. 42

[5] Brauchle, Alfred, *Das große Buch der Naturheilkunde*, Gütersloh 1977, S. 114

[6] ebenda, S. 114

[7] Greiling, Sybille, „Gespräche mit dem großen Weisen", in *esotera*, Nr. 5/86, S. 74

[8] ebenda, S. 76
[9] ebenda, S. 76
[10] Stelter, Alfred, a.a.O., S.164
[11] ebenda, S. 167
[12] ebenda, S. 164
[13] Dshuna, *Die Macht meiner Hände,* Zürich 1987, S. 24 f.
[14] ebenda, S. 34
[15] „Die Macht meiner Hände", *Bild* vom 5. November 1986
[16] Dshuna, a.a.O., S. 192
[17] ebenda, S. 70 f.
[18] „Die Geistheiler", Artikel-Serie in *Bild,* Ausgabe vom 26. September 1985
[19] Höhne, Anita, *Die neuen Magier der Gesundheit,* München 1984, S. 70
[20] „Die Geistheiler", a.a.O, Ausgabe vom 9. September 1985
[21] Uccusic, Paul, „Jenseits der Sinne", Serienbericht in der österreichischen Tageszeitung *Kurier*
[22] Uccusic, Paul, *Naturheiler,* Genf 1979, S. 210
[23] Höhne, Anita, a.a.O., S. 112
[24] „Die Geistheiler", a.a.O., Ausgabe vom 13. September 1985
[25] Chesi, Gert, *Geistheiler auf den Philippinen,* Wörgl 1981, S. 81
[26] ebenda, S. 82
[27] ebenda, S. 13

9. Kapitel

[1] Holbe, Rainer, Abdruck des Protokolls in der Zeitschrift *Das Neue Zeitalter,* Nr. 48/1986, S. 29
[2] de Boor, Werner, *Wuppertaler Studienbibel,* Wuppertal 1982, S. 159
[3] Ruppert, Hans-Jürgen, „Esoterik – Neuer Trend auf alten Wegen", in *Materialdienst der Evangelischen Zentralstelle für Weltanschauungsfragen,* Nr. 5/86, S. 134

[4] ebenda, S. 135

[5] Uccusic, Paul, a.a.O., S. 213

[6] ebenda, S. 214

[7] ebenda, S. 214

[8] Höhne, Anita, a.a.O., S.65

[9] „Heilströme, die im ganzen Kosmos fließen", in *Der Spiegel*, Nr. 42 vom 13. Oktober 1986, S. 152

[10] ebenda, S. 154

[11] Höhne, Anita, a.a.O., S.113f

[12] Kluge, Sigrid, „Die Verführungskünste Luzifers", in *Portraits*, Nr. 20/21 1985, S. 9f.

[13] Granini, Pierre, „Es ist gefährlich, die Geister zu verwirren – Das magische Weltbild der CAN", in *Rock-Session 1*, Magazin der populären Musik, Hamburg 1980, S.9

[14] Stadelmann, Helge, a.a.O., S. 39, 43 und 48

[15] ebenda, S. 42

[16] „Unterschriftenaktion zur Legalisierung der Geistheilung", in *Portraits*, Nr. 25/1986, S. 19

10. Kapitel

[1] Rohrbach, Hans, a.a.O., S. 142

Schluß

[1] Karner, K., *Biblisch-Historisches Handwörterbuch, Band II*, Göttingen 1964, S. 997-998

[2] Mallau, Hans, *Wenn du glauben könntest. Von der Heilung der Kranken durch das Gebet des Glaubens*, Wuppertal 1975, S. 12-13

[3] Tournier, Paul, *Krankheit und Lebensprobleme*, Basel/ Stuttgart 1978, S. 162

Literatur

1 *Die Bibel*

2 Berger, Klaus,
   New Age – Ausweg oder Irrweg?,
   Asslar 1987

3 Bittner, Wolfgang
   Heilung – Zeichen der Herrschaft Gottes,
   Neukirchen-Vluyn 1984

4 Bonin, Werner F.,
   Naturvölker und ihre übersinnlichen Fähigkeiten,
   München 1986

5 Cumbey, Constance,
   Die sanfte Verführung,
   Asslar 1987[6]

6 Fassberg, Susanne und Gruber, Elmar,
   New-Age-Wörterbuch,
   Freiburg im Breisgau 1986

7 Gaebelein, Arno Clemens,
   Die Welt der Engel,
   Neuhausen-Stuttgart 1986

8 Grossinger, Richard
   Wege des Heilens,
   München, 1985

9 Höhne, Anita,
   Die neuen Magier der Gesundheit,
   München 1984

10 König, Reinhard,
New Age – Geheime Gehirnwäsche,
Neuhausen-Stuttgart 1986

11 König, Reinhard,
Sanfte Heilverfahren
Neuhausen-Stuttgart 1987

12 Lissner, Ivar,
So lebten die Völker der Urzeit,
Olten 1975

13 Lommel, Andreas,
Schamanen und Medizinmänner,
München 1980

14 v. Padberg, Lutz
New Age und Feminismus,
Asslar 1987

15 Rohrbach, Hans,
Unsichtbare Mächte und die Macht Jesu,
Wuppertal 1985

16 Ruppert, Hans-Jürgen,
New Age – Endzeit oder Wendezeit?,
Wiesbaden 1985

17 Stadelmann, Helge,
Das Okkulte,
Gießen 1981

18 Stelter, Alfred,
PSI-Heilung,
München 1984

19 Tournier, Paul,
Bibel und Medizin,
Bern 1982

20 Tournier, Paul,
Krankheit und Lebensprobleme,
Basel/Stuttgart 1984

Klaus Berger
New Age – Ausweg oder Irrweg?

Haben New-Age Anhänger etwa nicht recht, wenn sie überall Anzeichen für ein Ende unseres Zeitalters entdecken? Hat das sogenannte „aufgeklärte", das naturwissenschaftliche Denken etwa die großen Menschheitsprobleme gelöst? Und: Ist der Mensch denn nicht wirklich mehr als „eine Mischung aus Wasser und Chemikalien im Wert von 3,14 Dollar", wie ein Spötter es einmal sah?
Andererseits: Sind Antworten auf Hilfsangebote schon allein deshalb gut, weil sie aus übersinnlichen Quellen stammen? Ist der menschliche Verstand völlig am Ende? Und ist das Christentum schon tot – weiß es das bloß noch nicht?
Klaus Berger spürt den New-Age-Einfluß im Denken und Handeln unserer Zeit auf – in Naturwissenschaft und Politik, in Literatur, Musik, Pädagogik und Psychologie. Er bewertet die Lösungsvorschläge der New-Age-Bewegung für die besonderen Probleme unserer Zeit und erläutert Alternativen aus christlicher Sicht.
Taschenbuch, 224 Seiten
Bestell-Nr. 15 770

Lutz von Padberg
New Age und Feminismus

Das Entstehen einer neue Spiritualität im Wechsel-
spiel von New Age und Feminismus rüttelt an den
Grundlagen unserer Gesellschaft und unserer
Wertordnung – und genau das soll es auch: beide,
die feministische und die New-Age-Bewegung,
haben Befreiung von angeblich überholten gesell-
schaftlichen und moralischen Konzepten, Selbst-
erlösung aus den Zwängen des eigenen Ichs, Mystik
und Okkultismus auf ihre Fahnen geschrieben. Wo
liegen die Kernpunkte ihres Verständnisses von
Moral, Gesellschaft und Spiritualität? In welchen
Punkten berührt sich das Denken der beiden
Bewegungen?
Wo sind sie aufeinander angewiesen oder gar
deckungsgleich?
Wer die neue Spiritualität in ihrem Entstehen, ihrem
Wirken und ihren Folgen verstehen will, der findet mit
diesem Buch einen qualifizierten Diskussionsbeitrag.
Taschenbuch, 192 Seiten
Bestell-Nr. 15 771

Klaus Berger
Angst verstehen und überwinden

Klaus Berger will dem Leser die Angst vor der Angst
nehmen. Deshalb leuchtet er unterschiedliche
Erscheinungsformen der Angst aus und erklärt
ausführlich, wie und warum sie entstehen. Anhand
der Bibel werden schließlich gezielte, wirksame Hilfen
erarbeitet. Denn wer seine Ängste selbst kontrollieren
und mit Gottes Hilfe überwinden kann, vollzieht einen
großen Schritt in Richtung auf ein befreites, erfülltes
Leben.
Paperback, 128 Seiten
Best.-Nr. 15 394